JN168098

遊びのリアリティー

事例から読み解く子どもの豊かさと奥深さ

中田基昭――編著
大岩みちの・横井紘子――著

新曜社

はじめに

子どもの遊びは、……戯れではなく、高尚な真剣さと深遠な意義をそなえている。
(Fröbel, II S. 34, 二61頁)

乳児は、「微笑みを通して初めて……人間精神とお互いに通じ合うようになり、初めてそれと一体化することに至る」[1](Fröbel, II S. 386, 三338－339頁)という言葉は、乳幼児教育学の理論的基盤を構築し、幼稚園の普及に大きな貢献を成したため、乳幼児教育学の父と称されている、フレーベルの言葉である。乳児と目が合うと、どれほど嫌な気持ちに苛まれていても、気持ちが和まされ、幸せな気分に満たされる、といったことは、おそらく私たちの誰もが経験したことではないだろうか。仕事に疲れて帰宅した親が、屈託なくスヤスヤと寝息をたてている我が子の寝顔を見つめているだけで、一日の疲れが消えていき、幸せな気分に満たされる、ということもしばしば耳にする。

こうしたことからすると、乳児や幼児との出会いは、私たちにとって、一服の清涼剤であるかのようだ。いやむしろ、嫌な気持ちに苛まれている人や、仕事に疲れて帰宅した親にとっては、まさに砂漠でたどり着いたオアシスであるかのように、私たちは乳児のまなざしや幼児の寝顔にたどり着く。

おとなにとってのオアシスは、子どものまなざしや寝顔だけではない。この本で理論的な拠りどころとしている哲学者の一人であるフィンクの遊びについての論考の題目は、「幸福のオアシス」となっている。

子どもにとってだけではなく、私たちおとなにとっても、遊びは、何かしらの義務や責任を負っている日常世界から私たちを解放し、軽やかな世界へと誘ってくれる。しかし無心に遊んでいる子どもたちの姿は、それを見ているだけでも、心が癒されたり、和やかな気分となったり、笑いを誘ってくれたりする。フィンクの言うように、遊びも、やはりオアシスなのだ。

しかしおとなにとってオアシスである遊びは、子どもにとってはどのようなものなのだろうか。「ママはそんなことしない！」。これは、幼児が好んで遊ぶままごとで、母親役の子どもに対して他の役の子どもからしばしば発せられる言葉である。この言葉から明らかとなるのは、ままごとでは、ある役を担っている子どもは、その役によって演じられている人間らしく振る舞わなければならない、ということである。それゆえ、ままごとでは、子どもの現実の家庭生活が再現されることが非常に多い。振る舞いだけではなく、口調も再現されている家族にかなり近いものになる。

全く練習したことがなくても、しかも、幼児としては現実の日常生活では決して発したことがなくても、「あなた、食事をしながら新聞を読むのはやめてくださる!?」といった言葉を、おそらくその子どもの母親が実際にしていただろう表情や口調で発する。

いわゆる戦隊モノのヒーローになりきって遊んでいる子どもたちからも、ままごとと同様、「〇〇レンジャーの武器はそんなんじゃない」、といった言葉がしばしば発せられる。戦隊モノのテレビ番組を見ている時には、微動することなく食い入るように見ていて、翌日の幼稚園や保育所では、一回も練習していないのに、子どもたちは、その戦隊モノのヒーローの変身や技を競うように再現する。

編者が勤めている保育者養成大学で実習に行った学生が、ままごと遊びで、乳児に見立てられた人形に授乳する母親になる展開となり、服の上から授乳しようとしたら、「それじゃおっぱい呑めないでしょ！」と子どもに叱られ、かなり戸惑ってしまったと報告してくれたことがある。遊びであるにもかかわらず、いやむしろ、この本で具体的に探られるように、遊びであるからこそ、ごっこで、子どもたちはこれほどまでにリアリティーにこだわる。

遊んでいる子どもたちのこうした姿を見て、私たちおとなは、「子どもってすごいね！」「おとなを本当によく見てるね！」、といった想いに駆られる。それゆえ、ままごとを見ているおとなにとっては、こうした子どもの姿に驚いたり、感心したり、時には、自分の家庭生活があたかも暴露されているかのような、気恥ずかしさを覚えることさえある。

しかし、これからこの本のそれぞれの章で具体的に探られることになるが、子どものすごさは、リアリティーへのこだわりにかぎらない。たとえば、戦隊モノのごっこ遊びでは、仮面ライダーがカブトムシと戦っているという、年少児に特有の、おとなには思いつかない想像力の豊かさと発想の独創性が見られる。美容院ごっこのお客役の女児が美容師役の女児に自分を託すことによって、現実の自分がきれいになったわけではないのに、本当にきれいになったかのような気恥ずかしさを覚えるといった、年長の幼児ならではの感受性が窺えることもある。

先に述べたようなままごとにおけるリアリティーへのこだわりと同時に、現実の幼児としての自分には許されない、自分の秘めたる想いをままごとの世界で実現するという、想像力の豊かさを発揮している子どももいる。たとえば、赤ちゃんが生まれたために父親の気持ちが新生児に向かっていることを何となく感じている寂しさを、「今日〔お父さんと〕二人っきりでごはん食べるんだー!」、といった展開に託する姿さえ見られる。

しかし、先ほどの学生の場合に典型的となるが、子どもたちの遊びを見ていて、驚いたり、感心したり、気恥ずかしさを覚えたり、戸惑ったりするのは、子どもの遊びに慣れていないおとなである場合が多い。というのは、日々子どもたちに接している保育者にとっては、先に述べたような子どもの姿は、日常的な光景となっているからである。

しかし日常的であるがために、当初は「すごい!」と思われていた、遊びにおける子どもの「すごさ」が見失われ、日常茶飯事になってしまう、といった馴れが生じたりする。あるいは、その対極として、いわゆるベテランの域に達することにより、子どもたちとの日々の関わりを通して培われた、その保育者に独特の感性の鋭さと豊かさによって、子どものすごさが際立たされる保育が展開されることもしばしばある。しかし、どちらの場合も、子どものすごさの内実がきちんとした言葉で文章化されることなく、感覚的な言葉にとどまってしまうことも多いようである。

同じことが、子どもの遊びについて研究している者についても言える。いやむしろ、研究者であるがゆえに、つまり、子どもの遊びを研究の対象としてしまうがゆえに、発達理論や研究方法にとらわれがちとなり、現場の保育者よりも一層、子どものすごさに気づけなくなっているのではないだろうか。

もはや当たり前となっており、保育の現場や研究において日常茶飯事になっている子どもの姿から、その背後に潜んでいる子どものすごさ、すなわち、子どもの遊びの豊かさや奥深さ、彼らの想像力や創造力や感受性の豊かさを捉えることが求められるのではないだろうか。いわば氷山の一角でしかない、目に見える子どもの活動から、それを支えている目に見えない子どものあり方に迫ること、すなわち、それらを探ることが必要になるはずである。

こうした想いから、私たち三人の筆者は、乳幼児によって実際になされている現実の遊びを事例として取りあげ、そこでの子どもたちのあり方と、彼らによって営まれている遊びの世界がどのような豊かさや奥深さをそなえているかを、明らかにすることを試みた。

しかしこの試みを遂行するにあたり、私たちは、子どもたちの活動や行為を何らかの基準や尺度やカテゴリーを使って整理したり、何らかのモデルにしたがって子どもの活動や遊びの世界を考察したりすることはしない。また、いわゆる研究者の立場から、子どもの遊びの意義や意味を考察することもしない。

そうではなく、私たち三人は、それぞれの事例における子どもたちの活動を、そのまま受け入れ、その活動を支えていたり、可能にしていることに、つまり、外見から捉えられる彼らの活動の背後に隠されているであろう、その時々の子どもの想いを含めた、彼らのあり方に迫ることを試みたい。こうした試みによって、私たちおとなにとって「すごい！」、子どもの遊びの豊かさと奥深さを探りたい。このことによって、子ども自身にとっては当然のことであるが、保育の現場だけではなく、従来の研究によっても言葉にされてこなかったことを、言葉として記述していきたい。

そこでこの本では、どのような幼稚園や保育所でも日常的に生じているであろう遊びが、事例として取りあげられることになる。

この本の以上のような観点からすれば、日常的な保育の現場は、いわばいまだ磨かれていない、宝石となるべき鉱石の採掘場であり、一人の人間としての子どもの豊かで奥深いあり方が日々発揮されている場である。そして、乳幼児教育学が、現実の子どものあり方に即した学問でありながらも、現実の保育実践にも貢献しうる学問であるためには、まず何よりも、磨かれていない鉱石と同様、これまで探られることのなかった保育の現場における子どもたちの豊かで奥行のあるあり方に光を当て、明らかにすることが求められるのではないだろうか。

この本では、こうした想いで子どもの遊びについて探ることを試みるが、哲学の一領域である現象学を理論的背景としている。しかし、現象学には深く入り込むことをせず、どうしても必要な場合にかぎり、主に注で、現象学からの引用によって、本文で述べられている内容の補足をすることにした。

この本では、以上の観点から、それぞれの章のテーマに沿って、子どもの遊びについて探ることになる。ここではその内容を先取りして紹介することはしないが、それぞれ章の冒頭で、その章のテーマと各節の内容を簡単に紹介している。

以上のように、この本では、具体的な事例や子どもの遊びについての様々なエピソードと、それに基づく記述が中心となっている。保育者の方は、自分自身の保育実践での同様の子どもの遊びにおきかえて、あるいは、保育者をめざしている場合は、将来出会うであろう子どもの遊びを想像しながら、読み進めていただければと思う。読者の方々に、いくらかでも、子どもの遊びの豊かさと奥深さを実感していただければ幸いである。

なお、それぞれの章の担当と役割は、次の通りである。

第1章は、この章の分担執筆者である大岩みちのが、ビデオ映像からこの章で取りあげる場面を選び、それを事例としてまず文章化した。その文章を基に、大岩と中田基昭で、子どもたちのあり方を検討し、その結果を大岩が再び文章化した。

第2章から第13章までは、これらの章の分担執筆者である横井紘子が、これまでの観察記録と、事例としてまとめていた保育実践等の記録のなかから取りあげる事例を選び、この本の主旨に即して探ったことをまず文章化した。そのうえで、その内容を中田と共にさらに検討した。横井が、その結果を再び文章化した。ただし、注の原典に基づく本文の補足は、中田が執筆した。

最後になりましたが、前著『家族と暮らせない子どもたち』(中田基昭編著、2011年)に引き続いて、この本の刊行をお引き受けくださった新曜社代表取締役社長塩浦暲さんには、心よりお礼を申しあげます。しかも塩浦さんは、前著と同様、この本の原稿のかなりの部分に直接手を入れてくださいました。編集者は一番はじめの読者と思っている編者にとっては、こうして手を入れていただくことは、筆者と読者の方々との出会いを導いてくださることになり、非常に心強い支えとなりました。子どもの遊びの豊かさと奥深さを実感していただきたいという、この本でめざしている想いが読者の方々にいくらかでもお伝えすることができたとしたならば、ひとえに塩浦さんのおかげであると思います。この場をお借りして、私たち三人を代表して、感謝の言葉を述べさせていただきます。

2016年2月

編者

＊　＊　＊

第1章の執筆にあたっては、株式会社新宿スタジオより出版されている「ビデオライブラリー、シリーズ『保育ゼミナール』語りあい学びあう保育の世界、第2巻子どもの遊びを探る」（2004年）のなかのいくつかの映像記録を事例として使わせていただいた。使用の許可をご快諾くださった株式会社新宿スタジオ取締役代表齊藤祐二氏、および、ビデオ監修の高野陽氏、森眞理氏、使用させていただいた第2巻を指導された北野幸子氏には、深く感謝申しあげ、お礼を述べたい。

子どもは、可愛くも、いとおしくも、おもしろくもあり、時には、悩みのタネにもなる不思議な存在である。その子どもたちが遊びや人との関わりを通してそれぞれに育ち、人として成長していく。その成長の瞬間に関わることができる保育者は、考え方次第で、楽しさが拡がり、多くの感動を味わい、子どもとともにさらに人として育つことができる意義深い仕事をしているということになる。

今回の執筆は、遊びを見つめ、その瞬間の子どもについて考えることによって、さらに子ども理解を深めていくということを改めて知る機会となった。そして、保育に携わるということは、子どもから目を離せない、おもしろくてたまらないことだということを、新たに感じることにもつながった。

この機会を与えてくださった新曜社と編集の労をとってくださった塩浦さんに深く感謝申しあげ、今後も子どもから目を離さずに保育者養成に邁進したいと考えている。

大岩みちの

＊　＊　＊

この本で取りあげた事例は、筆者が大学院生時代よりＡ幼稚園とＢ幼稚園で観察させていただいた保育の記録と、Ｂ幼稚園で自ら年少クラスの担任をした際の実践記録に基づいている。これらの事例をこの本で使わせていただくことを快諾してくださった幼稚園の先生方に、この場を借りてお礼の言葉を述べさせていただきたい。先生方の保育から多くのことを学ばせていただいた。そのことがこの本から伝われば、と願っている。

何よりも、この本で事例として登場する子どもたちはもちろんのこと、筆者と共に過ごし、遊びの世界をたっぷりと味わわせてくれたすべての子どもたちに、心からお礼を言いたい。筆者の立場は、観察者の時もあれば、「お姉さん先生」の場合もあり、または「担任の先生」であることもあったが、これまでに出会った子どもたちと過ごした時間に支えられて筆者が担当した章は成り立っている。

執筆を進めるにあたり、事例のなかの子どものありように迫ることができた感覚と同時に、事例とは別の多様な子どもたちの姿も思い浮かび、あの子どもたちに光を当てるとまた違った輝き方をするに違いない、また別の言葉が必要になってくるに違いない、と感じている。遊びの豊かさや奥深さ、子ども一人ひとりの存在の豊かさは汲みつくすことができないことを肝に銘じ、子どもと共に育ち続けていきたい、と思っている。

横井紘子

注

［1］引用文献リストであげられているフレーベルの二冊のドイツ語原典と邦訳書の内容は対応していない。そこで、フレーベルからの引用に際しては、Fröbel, 1966a をI、Fröbel, 1966b をIIと略記し、邦訳書については第二巻を二、第三巻を三と略記して表記する。

目次

装幀＝新曜社デザイン室

第1章　子どもの成長と遊び

〔子どもの遊びが内面を外に〕表明することと、その表明の仕方は、人間精神の内面的な生と努力のある一定の状態と発展段階を表現している。

(Fröbel, II S. 33, 一59頁)

遊びとは、本来自分自身がしたいと思って始める、おもしろくて楽しいものであり、子どもの成長を支える重要な活動である。自分がしたくて始めたことであれば、もっと楽しくしようとしたり、さらに追求しようとしたりするであろう。また、自分で始めたのだから、何かがあれば自分で何とかしようとするはずである。遊びには、その子どもの喜びやさらなる発見、驚きを追求しようとする明るく前向きな活動を実現できる可能性が潜んでいる。そして、興味や関心をもって遊びを進めるなかで、人との関わりが生まれ、そこから遊びが拡がり、深まっていくという、相乗効果が見られる。そこにはさらに、身体を動かす、その場に合う遊び方を考える、言葉で伝え合う、時には起こった「いざこざ」に我慢を強いられることもあるなど、子どもの成長を支え、人間性を育む要素が数限りなく含まれている。

つまり、乳幼児期の子どもは、身近な世界である人・物・自然事象・社会事象に興味や関心を抱き、そこに生まれる遊びに主体的に関わることによって、心身の成長が促される、ということになる。

乳幼児には、成長やその時々の心身の状態から、その子どもがどのような気持ちで遊んでいるのか、どうしたいと思っているのか、何に没頭しているのかなど、子ども一人ひとりの遊びに向かう心もちを理解し、意欲をかきたて、物事に向き合う態度が身につくように促す養育者や保育者の存在が必要である。すなわち、遊びを通して成長を促す人の存在が大きい、ということである。人間関係を育む人とは、家庭では養育者や家族、幼稚園や保育所では保育者や共に生活する人々である。子どもの傍らにいるその人たちが、遊びをどのように捉えるのかによって、遊びへの援助や、遊び方と学び方も変わってくる。

子どもは、目の前にある遊ぶ物の性質に合った遊びから始まって、しだいにその物を何かに見立てたり、物を使って何かのふりをしたり、なりたいものになりきって遊んだりするようになる。身体的な成長や一緒に遊ぶ仲間の有無にともない、活動範囲の拡がりと共に、対象となる物は増え、その形も様々になり、大きさも変化する。また、どこでどのように遊ぶのかという、場や空間、雰囲気、遊び方なども物的な世界の要素として、大きな役割を果たす。そのような物的世界に加え、天候や気温、その時々の子どもを取り巻く周りの状況、世の中の動きからなども、子どもは少なからず影響を受ける。さらには、誰と遊ぶのかということが遊びを深める重要な鍵となる。そして、相手の存在があって遊ぶなかで、自分の生き方に必要な知恵や言葉、相手の気持ちを捉えながらの人との関わり方などを身につけていく。

　こうした遊びが子どもたちの成長に大きな影響を与えていることは確かなことではあるが、だからといって、幼稚園や保育所における一人ひとりの子どものあり方は、それぞれかなり異なっているだけではない。ある一人の子どもの場合であっても、そのつど誰とどのような物を使って何をしているかに応じて、その時々の子どものあり方は多様であり、子どもの成長の一般的な歩みについての従来の知見では捉え損ねられている。子どもがどのように遊びを深めていくかを、一人ひとりの子どもに即して理解しなければならない。そのためには、子どもがどのように遊んでいるのかを現実の具体的な活動に沿って個々に取りだすことが、まず必要になる。そのうえで、ある時ある場所での子どもの活動を当の子どもにとっての意義や意味に即して、具体的に、かつ詳細に明らかにすることが求められる。

　このことは、保育者自身にも求められている。保育者が、子ども一人ひとりが遊びを通して自己を十分に発揮しながら成長していくことを見守りながら、子どもと共に成長していくためには、日々繰り返される現実の具体的な子どもとの関わりの一つひとつを一回かぎりで取り返しのつかない出来事とみなし、意味と意義をそのつど明らかにすることの積み重ねが求められるからである。

　この本では、幼稚園や保育所で日常的に生じているであろう子どもの現実の具体的な遊びの様々な場面を事例として取りだし、彼らの成長の歩みに沿いながら、遊びによる子ども自身の成長や子ども集団としての成長が、保育者や一緒に遊んでいる子どもたちと相互に作用し合うことによって促される、という観点から探っていく。

この章では全体の序論として、従来ともすれば切り離されて議論や研究がなされてきた、場面場面で子どもの成長を理解することと、子どもの遊びや成長にともなう遊びの変化を捉えることとを結びつけることを試みたい。すなわち、子どもの遊びや成長にともなう遊びの変化について、そのつどの子どものあり方を理解しながら明らかにすることをこの章の課題としたい。

この課題に沿って、第1節から第3節までは、遊びに本質的にそなわっている、繰り返しの楽しさと、想像の世界を生きるという観点から、いまだこうした遊びの世界を十分に生きているとはみなしがたい時期の子どものあり方について、探る。第4節では、この章の中心的な課題である、年齢に応じた子どもたちの遊びの特徴を明らかにする。第5節では、遊びの世界を十分に堪能している時期の子どもたちのあり方と、その豊かさを明らかにしたい。

第1節　創造の世界を生きることとしての遊び

まず、1歳児後半の子どもの活動を出発点としたい。というのは、この時期になると、歩行もかなり安定してくることと相まって、外の世界への関わりもかなり多様になり、いわゆる探索行動も頻繁に見られるようになると同時に、遊びとみなせるような活動もかなり増えてくるからである。

しかし、おとなには一見遊びのように見えても、子ども自身にとっては遊びではないのではないか、と思われる活動がある。そこで、遊びとみなせるかどうかがかなり微妙な活動を取りあげることによって、まずは、子どもにとっての遊びとはどのような活動であるのかを探ってみたい。
ここで取りあげるのは、次のような場面である。

1歳後半から2歳前の子どもが八人、和室風の六畳の保育室の中、おもちゃで遊んでいる。二人の保育者が、子どもたちの傍らに座り、その様子にゆったりした雰囲気でまなざしを向けながら、子どもたちの声や動きに言葉やしぐさで応えている。もう一人の保育者は、ついたてと本棚で仕切られた小さなスペースにいて、子どもたち全体の様子にも時々目を向けながら、ブロックで遊ぶ近くの子どもに対応している。

ここでは、子どもたちの次のような四つの活動が見られた。
一つめは、不思議さを感じているかのように、自分の指の動きとループをつたっていく球をじっと見ている子どもの活動である。

ループ

目の前のカラーの球は、子どもが自分で動かすことによって、ループをつたって動いていく。直線ループでは球がスムーズに動き、登りの曲線ループでは自分の指に若干の重みを感じながら球を進めたり、下りのループでは力を入れなくても球が動いたりする。目の前の出来事に目を見張らせながら、その子どもは、動いていく球をじっと見つめている。傍にいた保育者が、「乗せてくださぁい」と言いながら、球を下から上に押しあげると、何のことかと驚いたように、その子どもは、保育者の動かす球をじっと見る。

二つめは、子どもの手に握れるほどの積木を、それらの形に関わりなく、ただ重ねていくことを繰り返し楽しんでいる活動である。

積み重ね

重なる部分が、平面であろうが尖っていようが、物が上に重なる様子にじっと見入って、「次も重なるかなぁ」と思っているのではないか、いや、考えなどなしに、自分の手の動きと積木が重なったり崩れたりすることをただ繰り返しているのではないか、と感じられるほど、次々に積木を手にして積もうとする。とにかく、目の前の現象に吸い込まれるかのように、繰り返し積み重ねていく。おとなにとっては何でもないように思われることが、一歳児後半の子どもにとっては、興味や関心の的になっているようである。

三つめは、次のような子どもの活動である。

飲む真似

一人の男児が、井桁のブロックを組み合わせて立方体にしたものを棒状のブロックでつなげて、保育者に見せに行くと、保育者は、棒状のブロックを飲み物が出てくるものに見立てて、「ジャー」と言いながら、その子どもが手から離さなかった一つの立方体を入れ物に見立てて注ごうとする。その男児は、飲み物が入っていることだとわかり、立方体のブロックを口許に持っていき、飲む真似をする。

四つめは、マレットで鉄琴を叩きながら、腕の振りによって音が出ることをただ喜んでいるかのような、ある男児の活動である。

鉄琴を鳴らす

ある男児は、足を投げだし、膝の上に置いた全体が丸みのある鉄琴を左手で押さえ、右手に持ったマレットで勢いよく無造作に鳴らしている。近くに座っている三人の子どもと一人の保育者が、一斉にその男児に視線を向ける。右手の勢いが弱くなると、音と音との間隔も程よくなり、優しい響きを心地良く感じたのか、男児に笑みがこぼれる。自分の腕にマレットを握り、腕を振ることによってマレットも動くこと、それが物にあたった感覚と音がでることに何らかの感じを受けて、繰り返し腕を動かして音を鳴らしている。自分にとっては偶然の出来事であったが、音が響いたことによって弾みがついたかのように、この行為を繰り返す。傍にいた女児が、「汽車ぽっぽ、あぶないよぉ」と言い、「あん〔ぶ〕ないよぉ」を連呼する。

まずは、これら四つの事例における子どもの活動が、遊びとみなせるかどうかについて、探ってみたい。

似たような行為を何度も繰り返すことが遊びである、という観点からすると、以上の四つの事例における子どもたちの活動は、遊びとみなすことができるかもしれない。というのは、乳幼児の行為が探索行動か遊びであるかどうかの基準は、自分の行為の結果に関心や興味をもっているのか、あるいは、自分の行為の繰り返しが楽しいか、ということにあるように思われるからである。

一つめの「ループ」の事例では、一見すると、たしかに、似たような行為が繰り返されているように思われる。しかし、ループのそれぞれの箇所で球を動かす自分の指の力の入れ具合や感覚にかなり慎重になっており、その出来事に目を見張らせていることからすると、この子どもは、自分の行為とループ上の球の動きとの関係がどうなっているかを確かめている、とみなせるのではないだろうか。そうだとすると、この子どもは、自分の行為が周りの世界にどのような結果を及ぼすかを、何度も繰り返しながら確かめている、すなわち、いわゆる探索行動をしていることになる。それゆえ、彼は、保育者が球を下から上に押しあげると、保育者の動かす球をじっと見ることにより、自分が確かめたことを保育者の行為によって、再確認していたことになる。

この点から見て、二つめの「積み重ね」の事例は、探索行動か遊びかがさらに微妙である。この子どもが、「次も重なるかなぁ」と思っているならば、一つめと同様、この子どもの活動は探索行動になる。しかし、筆者自身に感じられたように、考えなどなしに、自分の手の動きと積木が重なったり崩れたりすることをただ繰り返しているならば、自分の行為の繰り返しを楽しんでいることから、遊びとみなされることになる。するとこの事例は、遊びの魅力は繰り返しの楽しさにあることを、まさに典型的に示していることになる。

三つめの事例では、その記述のなかにある見立てや真似をするという言葉からも明らかなように、繰り返しの楽しみに加えて、遊びの特徴とされる、何かに見立てたり、真似をしたりするという子どもの行為が見られる。現実の世界から解き放たれて想像の世界を生きることが人間の行為を遊びたらしめるかぎり、この事例の子どもは、まさに遊んでいる。実際に飲んでいないにもかかわらず、注がれたものを飲む真似をしながら、「おいしい！」という言葉を発しているのは、まぎれもなく、この子どもが、想像の世界を生きているからである。

想像の世界を生きることが遊ぶことになる、ということは、四つめの「鉄琴を鳴らす」事例に典型的に表われている。

この事例の前半では、男児が、音が響いたことによって弾みがついたかのように、この行為を繰り返しているが、これが探索行動か遊びであるかは、二つめの「積み重ね」の事例と同様、かなり微妙である。しかし、この事例の最後で、傍にいた女児が、「汽車ぽっぽ、あぶないよぉ」と言い、「あん〔ぶ〕ないよぉ」を連呼する行為は、遊びであるとみなせる。おそらくこの女児にとっては、これまでに自分の周りの信頼できるおとなや家族などが「あぶないよぉ」という言葉を発した時に耳にしたことのある音が、今打ち鳴らされている音に似ているのであろう。すると、この女児は、その光景を再現しながら、「あん〔ぶ〕ないよぉ」、と連呼したことになる。この女児は、現実の保育室は全く危なくない状況であるにもかかわらず、危ないという想像の世界を生き始めていることになり、遊んでいたことになる。

以上の四つの事例から、この時期の子どもの活動を遊びとみなせるかどうかが、かなり微妙であることが、繰り返しの楽しみと想像の世界という観点から明らかにされた。

しかし、たとえ遊びとみなされたとしても、以上の事例から窺われるのは、いずれの子どもも想像の世界を他者と共有しているとはみなしがたい、ということである。そして一般的には、この時期の子どもは、一人遊びの状態にとどまっているとみなされている。

しかし、どのような一人遊びについても言えることだが、想像の世界を一人で生きるためには、信頼できるおとなが傍にいてくれる必要がある。一人で遊んでいるように見えても、実際には本当に一人で遊んでいるのではなく、信頼できるおとなの支えのもとで遊んでいるのである。この事例では、二人の保育者が、子どもたちの傍らに座って子どもたちの声や動きに応えていた。またもう一人の保育者も、ブロックで遊ぶ近くの子どもに対応していた。

成長にともない、子どもは一人遊びから平行遊びへと移行するとされる。しかし、子ども同士の平行遊びも、おとなとの関わりが何らかの仕方で影響を与えている可能性がでてくる。

そこで、次の節では、平行遊びの事例を取りあげて、その遊びに至るまでの子どもにとってのおとなとの経験が、子どもの遊びにどのような影響を与えているかについて探りたい。

第2節　平行遊びにおける子どものあり方

まず、この節の探索の基となる事例を取りあげる。

保育室内の机に座って2歳児クラスの男児が二人、木製のはめ絵パズルをしている。一人は、四つの建物が景色として描かれている下に八匹の動物をA3大の木製枠にはめ込んでいくパズルに、もう一人は九つのいろいろな乗り物に動物が乗っている絵を同じようにはめ込んでいくパズルに挑戦していた。

後者の男児の方が要領を得ているようで、向きが違う動物を無理やりはめ込もうとしている前者の男児がその動物を諦めて次をはめ込み、その次を考えている瞬間、「(僕は)もうそれやったもん」と言いたげに、さらに自分が手に持っていたパズルで、「こっちだよ!」と、はめ込む場所をトントンと前者の男児に指し示した。一生懸命考えていた前者の男児は、瞬間的に反応し、「なんだ!」と言わんばかりに、教えた男児の頬を平手で叩いた。叩かれた男児は、自分の手で頬を押さえ、痛みをこらえるかのように体をくねらせていた。その後、叩いた男児の膝に体を寝かせて痛みをこらえていたが、とうとう泣きだしてしまった。その男児はしばらく起きあがらなかったが、起きあがると同時に、今度は、持っていたパズルで最初に叩いた男児を叩き始め、叩き合いになってしまった。

2歳の時期に多く見られる平行遊びとは、子ども同士が並んで同じようなことをしていても、お互いに関心をもたず、共同作業にはなっていない場合の遊びのことである。その際の共同作業とは、あることに対する相手の行為を自分がおぎなって、さらに先へと作業を展開していくことが二人のあいだで生じている時の、一体的な身体活動のことである。ある遊び〔＝この事例ではパズルをはめる〕を親や保育者としている時には、この時期の子どもでもこの意味での共同作業がしばしば生じる。というのは、親や保育者といったおとなは、子どもの想いに応えながらも、完全に子どもの手助けをしているのではないからである。実際には、親がはめ込むことができないところを子どもがすぐにはめ込んでしまうこともある。

では、この時期の子どもは、おとなとのあいだでは共同作業ができるのに、子どもとのあいだでは平行遊びにしかならないのは、なぜなのだろうか。

子どもと慣れ親しんだおとなとのあいだには、この時期までの日常生活における共同作業の積み重ねによって、独特の共同作業の仕方が生まれ、それが両者にとっての安定した関わり合いとなっており、両者にとって共同作業が自然に生じるようになっている。ところが、この事例の場合には、二人の子どものあいだでは共同作業の積み重ねがまだ築かれていない。また2歳児は、いまだ自我が確立していない。そのため、通常は、親、あるいは保育者のような信頼できるおとなが傍にいて、自分の活動を見守ってくれなければ、安心して遊ぶことができない。

この事例では、二人の子どもの視界には入っていないが、保育者が遠くの方にいて、声が聞こえる。しかも、この二人にとっては、保育室全体が慣れ親しんでいるために、ある程度の安心感が得られていたのであろう。

この事例で、一方の子どもが他方の子どもにパズルのはめ込む場所を指し示すといったことをしなかったならば、二人の平行遊びは、お互いが他方の安心感を支え合うという仕方で、続いたかもしれない。しかし、一方が他方の遊びに介入することになった。この介入が二人の共同作業へと展開しなかったのは、先に述べたように、おとなとの共同作業の場合に築かれている慣れ親しんだ信頼できる安定した関わり合いが、この二人のあいだにまだ築かれていないからであっただろう。

最後にはお互いに叩き合うという事態にまで至ったのは、その時点までの平行遊びにおいて、二人がそれとなく感じていた、平行遊びに独特の安心感がこの介入によって一挙に崩され、まさに支えのない状態に陥ったからではないだろうか。

第1節で取りあげた四つの事例における子どもたちは、信頼できるおとなが見守っていてくれることによって一人遊びができていたのに対し、この事例における二人の子どもは、互いに他方の遊びに安心感を与えていることによって平行遊びができていた、ということが言えよう。平行遊びは、それを見ている第三者にとっては共同作業とはみなせなくても、子ども自身にとっては、お互いの遊びを支え合う基盤を共同して作りあげているのである。

成長にともない、一人遊びから平行遊びへと遊びが移行する。この移行を理解するには、それぞれの遊びにおける子どものあり方を理解することが切り離せない。そのことが、この事例を通して具体的に明らかにされた。

次の節では、成長の過程で子どもが想像の世界に入りかけようとしている事例を取りあげて、この章の課題をさらに探求したい。

第3節　現実の世界のなかでの想像の世界の浮かびあがり

まず、次の事例を見てみよう。

園庭の砂場の横で、3歳の男児が、ベンチを台にして、その上の水の入ったバケツに、少し硬くなっている地面の土を削って入れ、小さなシャベルで混ぜにくそうにかき混ぜている。台の上に並んだペットボトル、バケツ、ヤカン、お盆にのったどんぶりや茶碗の中にコップで土と水を混ぜた泥水を入れては、別の入れ物に移し、移すやいなや、また「ジャー」とつぶやきながら、器の外に相当こぼれてもおかまいなしに、次々と移し替えている。一人で遊んでいるにもかかわらず、思い通りに入れ物に入った瞬間には、表情がほぐれ、「はい、おまちどぉ」、と声にしている。

この事例の子どもは、遊具が本物を再現する際の模倣となるためにどうしても必要な要素を、まだ意識的には捉えられていない段階にあるようだ。というのは、泥水が「思い通りに入れ物に入った瞬間」にのみ、お店屋さんになったつもりになっているからである。そうならない時には、おかまいなしに次々と別の入れ物に移し替え、「ジャー」とつぶやいている。この時、ペットボトルやバケツ等の遊具だけではなく、泥水も、それらが何を模倣しているかは意識されておらず、現実の世界で泥水遊びを繰り返しているだけでしかない。

しかし、泥水が偶然思い通りに入れ物に入った時には、「はい、おまちどぉ」という言葉を発し、食べ物を提供するお店屋さんになったつもりになって模倣している。そして、想像の世界を楽しんでいる様子が窺える。ごっこ遊びが偶然の状況によって成立している。

そもそもごっこ遊びでは、子どもは遊具を本物に見立てることと、自分をお店屋さんのような本物の誰かに見立てることが必要になる。しかし、この事例からは、この時期の子どもにとっては、自分を本物の誰かに見立てることの方が、遊具を本物に見立てることよりも容易であることが窺える。

自分が誰かになりきって遊ぶためには、なりきろうとしている人物の身ぶりを模倣したり、その人物らしい何らかの言葉を発したりすればよい。身ぶりを模倣したり声を発したりすることは、自分の身体を使ってそれらを現実のものにすることであるから、自分の身体活動が、ごっこという想像世界の創造を具体的に支えてくれる。この事例では、「はい、おまちどぉ」と声にすれば、それだけでお店屋さんの模倣をしたことになる。

他方、遊具を本物の何かに見立てる場合は、そもそもその遊具自体を本物に近づけることは物理的に不可能であるから、頭のなかで本物を想像しながら、想像されているだけでしかない本物との関わりを遊具を使って再現し続けなければならない。この事例では、泥水やそれを入れたペットボトルやバケツなどをお店屋さんの売り物に見立てようとしても、それらは現実の売り物とは似ても似つかない。これらの遊具を売り物と見立てることは、想像によってなされるしかない。しかも、そうした想像は、現実の世界に何の痕跡も残せないがゆえに、当の子どもにとっては非常に不安定なものでしかない。

子どもの成長にともなう想像の世界への移行は、一挙に生じるのではなく、この事例に見るように、現実の世界で何らかの活動を繰り返している際に、いわば想像が突然湧いてきたといった仕方で、生じるのである。

想像の世界を生きるためには、現実の世界に何らその痕跡を残せない、子どもの内面で生じているだけの、何かを創造するという営みが求められる。この事例の男児は、自分を何かに見立てることはできても、まだ物を何かに見立てることはできていないのである。

しかし、この時期の子どもでも、現実の世界での自分の身体活動と対応させるかのようにして、心のなかの営みを窺わせる活動をすることがある。

砂場の中央で、3歳の女児がしゃがみこみ、手許の赤いバケツの横に置いてある黄色いプラスチックの平たい入れ物に、右手でひたすら砂を入れている。口許は微妙に動いている。砂を入れる繰り返しの動作は、自分のリズムで数を数えているかのようなテンポである。砂を入れ物に入れるというよりも、一定のリズムで黙々と手を見ずに動かしている。17、18回の繰り返しの後は、両手で少し上から全体に砂がかかるようにし、その後は右手で数回砂を入れた。

この事例の女児は、あたかも数を数えているようなテンポや一定のリズムで砂を入れることを繰り返している。同時に、口許が微妙に動いている。実際に砂を入れている時のテンポや一定のリズムをともなう彼女の現実の身体の動きは、数を数えているような口許の微妙な動きに対応している。心のなかで生じている数を数えるという営みが、実際に自分の口許を動かすという現実の身体の動きに表われている。さらには、この心のなかで生じている営みは、プラスチックの入れ物に砂を入れるという身体の動きによって、現実の世界に痕跡を残している。

このような仕方で心のなかの営みを現実の世界での自分の身体活動やその結果と対応させることは、まさしく、ごっこ遊びに求められる、ごっこ遊びという想像の世界で現実の物に見立てられている物として捉えることと、ある程度相似している。いずれも、心のなかで営まれていることを現実の世界に痕跡として残すことになるからである。

ここまで明らかにしてきたのは、成長にともない、想像の世界を生きることができかけている子どもの遊びのあり方であった。こうしたあり方をしている子どもたちも、成長にともない想像の世界を十分に生きられるようになると、いわゆる平行遊びから集団遊びへと移行していく。そこで、まず、想像の世界を集団で生きられるようになった子どもと、そうなる以前の子どもとの違いを明らかにするために、次の節では、異年齢児が一緒に遊んでいる事例を取りあげたい。

第4節　年齢に応じた遊びの世界への参加

この節で取りあげる事例は、３歳・４歳・５歳児が、保育者と一緒に鬼ごっこをして遊んでいる時のものである。

園庭で異年齢児の「ネズミとネコ」の鬼ごっこが始まった。５歳児八名は、主導権を握っているかのようにカラー帽子をかぶり、すでに二つのチームに分かれている。４歳児は、持っているカラー帽子をかぶっていなくても、追う、追いかけられるという流れのなかで、年長児を見ながら自分から参加しようとしている。一人の３歳児はネズミの陣地である円の中央にいて、七人の年中児や年長児と保育者に囲まれるようなポジションにいる。ネズミの保育者と二名の５歳児は、陣地を出たり入ったり、さらにはネコの声色を使ったりして、鬼であるネコにつかまらないことをアピールして楽しんでいる。「たすけてぇー」の声が飛びかう。４歳児のネズミの一人は、戻ってこられそうな距離まで出ては戻る動きを繰り返し、ネコの４歳児たちはとにかくつかまえるために、隙をねらってつかまえようとする動作を繰り返す。３歳児の一人は、保育者の動きや声が気になり、不安そうに保育者の顔を見つめる。ネコにタッチされたその３歳児は、先ほどまでの不安そうな表情が一変して、ぎこちなくではあるが、喜んでいるかのように、ネコの陣地に向かって走った。

途中で雨がぱらついてきたことを女児が伝えに来る。保育者は、ネコにつかまっていた年少児二人に声をかけ、手をつないで保育室に戻ろうとする。一人は保育者と手をつないで一緒に戻ろうとするが、もう一人は、手を振り切って両手を振り動かしながら、笑顔と共に「うわぁー」という声をだして、自分では精一杯速く走って戻ろうとしているかのようだった。

真剣に逃げたりつかまえたりしなければ、鬼ごっこは成立しない。この事例での4歳児と5歳児は、ネコとネズミに分かれて、陣地を出たり入ったり、さらにはネコの声色を使ったり、戻ってこられそうな距離まで出ては戻る動きを繰り返したり、あるいは隙をねらってつかまえようとする動作を繰り返している。「たすけてぇー」という声も飛びかっている。この時の4歳児と5歳児は、この遊びを真剣に行なっており、それゆえに楽しく遊んでいる。彼らはこの遊びを十分に堪能するための能力をそなえており、その能力を実際に発揮しながら、この遊びに積極的に参加している。

他方で、二人の3歳児には、4歳児と5歳児のこうした動きは見られない。彼らは、ネズミの陣地で、保育者や他の子どもたちに囲まれるようなポジションにいて、保育者の動きや声が気になり、不安そうに保育者の顔を見つめるだけであった。二人の3歳児は、この遊びを堪能するために必要な逃げるネズミの役を十分に果たしていないことは明らかである。先に述べたように、この遊びは、真剣に逃げたりつかまえたりしなければ、成立しない。

この二人の3歳児は、鬼ごっこという想像の世界のなかで、想像することによってネズミとなる役割を十分に果たしていない。しかし、だからといって、この二人の3歳児が、この遊びに全く参加していないかといえば、そうではない。

この二人の3歳児の活動は、いわゆる周辺参加のあり方とみなされるものである。しかし、周辺参加をしているとはどういうあり方なのであろうか。周辺参加をしている子どもの微妙なあり方が見逃されてはならないであろう。この事例の子どもの場合について探ってみたい。

ネズミ役を全うするためには、ネコから必死で逃げる、という展開を自分から創造しなければならない。4歳児や5歳児は、自分の意志でネズミの陣地から出たりする。そうすることによって、ネコ役の子どもに真剣に追いかけられることになり、この遊びが楽しくなる。彼らはこの遊びに没頭し、不安に感じることはないだろう。

しかしここでの3歳児は、ネズミ役を果たしていない。ネズミ役の子どもが保育者や他の子どもたちに囲まれてネズミの陣地にいるだけで積極的に逃げたりしなければ、ネコ役の子どもは、その役に見合った行動を発揮できない。だがそうした3歳児も、ネズミ役としての保育者のあり方に引きつけられ、保育者の動きや声が気になっている。たしかにネズミ役の集団のなかに自分をおいており、そうした自分のあり方を感じている、ということを示している。

この遊びを真剣に楽しんでいる4歳児や5歳児と異なり、3歳児が不安そうな素振りを見せるのは、ネズミ役の集団に属していることを感じていても、ネズミ役を役として全うするためにはどのような行動を取らなければならないかがわからない、ということから生じた不安だったように思われる。あるいは、そのような行動を実際に実現するだけの身体能力が、いまだそなわっていない、ということから生じた不安だったのではないだろうか。

彼らが抱く不安がこうした性質のものであったことは、ネコにタッチされると、彼らの不安そうな表情が一変して、ぎこちなくではあるが、喜んでいるかのように、ネコの陣地に向かって走った、ということから明らかになる。ネズミ役としてネコ役から真剣に逃げることはできないが、ネコ役にタッチされると、ネコの陣地に向かって走るという、ネズミ役に課せられている行動を、彼らなりに消極的には果たすことができた。彼らは、この時になって初めて、この遊びに参加できたとも言える。

そうした3歳児のあり方は、間接的にではあるが、遊びが終わった後、笑顔と共に「うわぁー」という声を発したことからも明らかになる。この歓声は、この時の3歳児の、自分なりにこの遊びに参加できた、という充実感と満足感の発露であっただろう。

3歳児はたしかに、ネズミ役を消極的にしか果たすことができなかった。しかしこの事例から見て取れるのは、ここでの「消極的」というのは、この言葉が通常使われる時の、「いやいやながら」「しかたなしに」といった意味ではなく、自分から能動的にこの遊びを創造しているのではない、という意味で捉え直さなければならない。こう捉え直すことによって、自ら遊びの世界を創造する際の想像力の豊かさとは異なった、次のような幼児の柔軟性が明らかになる。

想像力が豊かであればそれだけ、創造された遊びの世界が現実の世界よりもより一層自由な世界を生みだす可能性がある。そして、創造された世界を自由に能動的に展開しつつ、その世界を生きることによる楽しさを堪能できる。

たとえば、ままごとで家族の世界を創造しながら遊ぶ時、その世界を最も自由に展開できるのは、多くの場合、母親役の子どもであろう。母親役の子どもは、ままごとの世界を他の役の子どもたちよりも、自分の想像力で自由に豊かに展開していくことができるからである。

他方、たとえばペット役の子どもは、母親役の子どもとは異なり、ままごと遊びを自分の想像力によって自由に展開していくことがかなり制限されている。遊びのなかで、家族のなかの誰かがペット役の子どもに何らかの働きかけをした時には、自分の意志とは関わりなく、その働きかけに柔軟に対応することが求められる。

ペット役をしている時の子どもは、ままごと遊びのなかで何が起こるのかをじっと窺いながら、自分の役割を十分に果たせる機会を待たなければならない。しかし、だからといって、この時のペット役の子どもがこうした役に不満をもつことはほとんどない、ということは示唆的である。

この事例の3歳児は、ままごと遊びのペット役の子どもと同様の仕方で、この遊びのなかでの自分の立場をわきまえているわけではない。しかし、彼らなりの仕方で、鬼ごっこを妨げたり、雰囲気を壊したりするようなことはしない。それどころか、先に述べたように、彼らは、ネコにタッチされると、喜んでいるかのようにネコの陣地に向かって走って、この遊びでネズミ役に課せられている役割の一部を果たすことができた。たとえわずかであろうとも、この遊びの展開に寄与している。上述のペット役の子どももこの二人の3歳児も、遊びを積極的に展開することはできていないが、かなり柔軟にその役割を果たしている。

保育者を含めて異年齢児が集団で一緒に遊び相互に作用し合うことを通して、子ども自身の成長や子ども集団としての成長が促される、というこの章の観点が、この節の事例に最も顕著に現われていると言えるだろう。年長児だけが遊びに貢献しているのではなく、一見すると、鬼ごっこという想像の世界を遊べていないように思われる年少児でさえ、この節で明らかにしたように、保育者や年齢の異なる子どもたちと相互に作用し合うことによって、柔軟に遊びに参加している。

ここまで、成長にともなう子どもの変化を、まだ十分にごっこ遊びができない段階の子どもたちに見てきた。次の節では、ごっこ遊びで想像の世界を十分に堪能している時の子どもたちのあり方について、探っていきたい。

第5節　ごっこ遊びにおける子どもの豊かさと独創性

まず、5歳児が美容院ごっこをしている事例を取りあげたい。

ままごとコーナーの一角で、お客とおぼしき一人の女児を囲んで、美容師らしい三人の女児が、競うように髪の毛をとかしたり、頬紅を付けたりしている。お客の女児が、「はい、じゃあ、これしますか?」と問われて、うなずいている様子から、それぞれの想像のなかに作業の順番があって、隙間をぬって三人が入れ替わりながら美容師の仕事をしている。動作が重なると、それぞれが、「ちょっと待って、ちょっと待って」と言い、自分の想像を表現しようと主張している。お客役の女児は、くすぐったそうに目を細めたり、時折気恥ずかしそうな表情を見せたりしているが、されるがままにその場を動かず、膝の上に両手を重ねている。美容師役の女児たちは、お客役の女児の反応にはおかまいなしで、自分の思うようにお客役の女児の髪の毛をとかしたり、お化粧をしたりしている。

美容師役の女児もお客役の女児も、何かを化粧道具に見立てているのではなく、使い終わった本物の化粧道具をあたかも使い終わっていないかのように使用している。化粧道具としては、すでに使い終わっているが、欠けている部分をあたかも欠けていないかのようにみなしている。


ここでは、お客役の女児のあり方に注目したい。注目されるのは、お客になりきっている子どもが、気恥ずかしそうにしていることである。

気恥ずかしいという表情は、通常は、現実の自分よりも他者から見て、よりよく見られていることを意識した時のものである。それゆえ、この事例でお客役になりきっている5歳の女児が気恥ずかしそうにしているのは、鏡に映しだされている現実の自分の顔が物理的には全く変化していないにもかかわらず、きれいになったかのような気分を実感しているからではないだろうか。

美容師役の三人の女児たちは、本当の美容師が何をしなければいけないのかを、子どもなりの仕方で十分に捉えているはずである。というのは、三人はそれぞれ何をすべきかを全く相談することなく、自分ができることを、あるいは自分がしたいことを、互いに邪魔することなく、次々と手際よく分担し合っているからである。

三人の女児たちが、このようにそれぞれの仕方で本当の美容師が何をしているかを捉えていたのを最も実感していたのは、お客役の女児であろう。なぜなら、現実の自分の顔が物理的には全く変化していないにもかかわらず、きれいになったかのような気分を実感できるためには、美容師がしてくれることはお客をきれいにしてくれることだ、ということを、彼女があらかじめ知っていなければならないからである。

お客役の女児は、おそらくかつて母親と一緒に美容院に行った時の、母親の表情を単に再現してい

るだけではないだろう。何よりも彼女は、美容師が自分にしてくれることは、自分をきれいにしてく

れることだ、ということを感じ、この事例の場面でも、美容師役の女児に自分を託せば、自分が本当

にきれいになる、と感じていたのではないだろうか。彼女は、そうした自分の容姿の変化を実感した

がゆえに、気恥ずかしく感じたのではないだろうか。

このことは、幼児にとってのごっこ遊びは、たとえ一時的であろうとも、現実の自分のあり方さえ

をも変えてしまうほどの影響力をそなえている、ということを意味している。この事例では、美容院

ごっこでありながらも、お客役の女児は、お客の役を演じているというよりも、ごっこ遊びを超えて、

より一層きれいになっている自分自身を感じているのであろう。

彼女がそのように感じることができたのは、ごっこでありながらも、本当の美容師に対してお客が

するように、彼女も、自分をきれいにしてもらうことを美容師役の女児に託したからではないだろう

か。

次に、5歳児のままごとの事例を取りあげよう。

三人の女児が、ままごとコーナーの二畳の絨毯の上で小さなテーブルを囲み、料理のメニューか何か

を決めようとしている。調理担当らしきA子は、鍋の中でお米をといでいる、あるいは粉をこねている

かのような動きをしている。B子は、材料の準備と調理する自分の腕にある傷跡の状態を確認している。C子は、傍にはいたものの、所在なさげに足で籠を揺さぶっていたが、「紙、これでいい?」と、ままごと用の枕カバーを紙の代わりにして、何かを書く真似を始めた。園児椅子を台にして、ペンに見立てたものを持って、二枚目になったのか、今度は枕カバーを外して、枕に直接何かを書いているようなしぐさをしている。B子は、C子に、鍋に入れる調味料を選ぶように尋ね、C子のうなずきを確認してから、「はい、これでぇーす」と、C子が決めてくれた調味料の方を鍋の中にふりかける。しかし、結局もう一方の調味料もふりかけて味付けをしている。

この事例では、通常多く見られる家庭での料理場面のごっこ遊びとは異なることが生じている。よく見られるのは、たとえば、食事の場面を再現している母親役の子どもが、好き嫌いをしている幼児役の子どもに「好き嫌いなく食べなきゃだめですよ」と語りかける、といったものである。この時、おそらく母親役の子どもは、現実の食事場面でいつも自分が母親にそのように言われていることをままごと遊びで再現しているのであろう。

しかしこの事例では、自分の家の台所を想像して、料理をする母親と傍で宿題らしきことをしている娘との関わりが再現されている。ここでは、三人の子どもの活動のそれぞれは、本来、他方の活動を展開するために必要なものではない。たとえば、母親役の子どもが料理をしているという行為は、隣りで子どもが宿題らしきことをしている、していないにかかわらず、成り立ちうる。他方、「好き嫌いなく食べなきゃだめですよ」という子どもの言葉が発せられるためには、ままごと遊びで好き嫌いをしている子どもがいなければ成り立たない。

この違いに着目すると、この事例での子どもたちの活動が、家庭における現実の家族の活動の単なる再現ではないことが明らかとなる。

この事例では、ある子どもの行為は、他方の子どもの行為を展開するために必要なものではない。そのため、彼女らの行為を何らかの仕方で関係づけるためには、実際に家庭内で起こっていたことの再現の範囲には収まらない、状況に応じた、それぞれの子どもの独創的な関わり方が必要となる。たとえば、母親役の子どもは、宿題らしきことをしている子どもの作業を妨げることのないようなタイミングと方法で、調味料を選んでもらわなければならない。子どもたちは見事にこれをこなし、タイミングは非常にスムーズであり、それに対する対応も実に自然な形で行なわれている。

以上のことからは、この事例における子どもたちは、単に家庭の再現をしているにとどまらず、他の子どもの行為を妨げることのないようにしたり、タイミングを計ったりして、子どもたちにとって、より一層楽しく、一緒にままごとの世界を独創性豊かに創造して、生き生きと遊んでいる、ということがわかる。

この事例と「美容院ごっこ」の事例から明らかになるのは、それぞれのごっこ遊びのなかで、子どものあり方や独創性には豊かさの違いがある、ということである。「美容院ごっこ」の事例でのお客役の女児は、自分が変わって、まるで本当にきれいになったかのような体験をしていたと思われる。「ままごと」の事例での女児たちは、かなり豊かな独創性を発揮してやりとりを成立させていた。

ごっこ遊びには、現実の再現にとどまらない豊かさがある。そしてその豊かさは、子どもたちによって、場面によって、多彩なものである。個々の遊び、一人ひとりの子どもに即してそのあり方に着目しながら、どのように遊びを深めていくかを理解することが求められるのではないだろうか。

第2章　年少と年長の違い

遊びとは、内面の自由な提示であり、内面自体の必然性と欲求に発する内面の提示のことである。
（Fröbel, II S. 33, 二59頁）

「5歳を小さくしたのが3歳ではない」「3歳児独特の姿とどう向き合ったらよいのか考えてほしい」。これは、ある幼稚園の園長先生からの実習生へのコメントである。

「小学校は簡単！　だって次に何をすればいいのか全部決まっているもの」。これは、幼稚園に遊びに来た小学校に入学したばかりの一年生の言葉である。

幼稚園や保育所では、子どもの発達段階に応じて保育しており、発達の連続性が重視されている。年長児と小学校一年生の学びを滑らかにつなげていこうとする意識も高まっている。しかし、年少児は年長児の単なる前段階ではないし、年長は一年生の準備期間ではない。はじめに紹介した言葉は、このことを端的に表わしているし、保育実践の現場では当たり前のこととして理解されている。

年少児と年長児の姿は大きく違う。その違いは、身体の複雑な動きができるようになった、手先の器用さが増した、身の回りのことを自分で進んでするようになった、といった、目に見える変化だけではない。このような変化にともない、遊びや生活、仲間関係のあり方など、子どもたちの世界そのものが変わるのである。そのために、年少児と年長児はかなり異質なものとして捉えられるのである。

こうしたことから、この章の第1節では、遊びにおける年少児と年長児のあり方の違いを、時間感覚という観点から探る。そのうえで第2節では、そのつどの現在が年長と年少の子どもにとって異なる充実感をもたらしていることについて、探りたい。

第1節　時間感覚の違い

一般的に、特に幼稚園での年少の一学期は、一人遊びが中心で、いろいろなものに興味を示し、遊びが次々と変わることが、特徴として理解されている。

ごっこ遊びなども、おとなからすると、現実には起こりえない展開、論理的にはつながりのない展開になることが多い。先ほどまではおうちごっこをしていたかと思えば、いつのまにか秘密基地になっていて、カブトムシと仮面ライダーが一緒に戦っていたりする。しかし、このような脈絡のないように思える展開にもかかわらず、子どもたちのなかでは遊びの世界が崩れていない。

これは、年少児が過去－現在－未来といった、はっきりとした時間の流れを意識しているわけではなく、「今、ここ」での現在が重視されているからである。年少児にとっては、現在のそのつどの自分の気分や感情が充実していることが重要であり、時間的な文脈からすればつながりのない展開に見えても、支障は生じず、今現在の状況に納得し、次へ次へと展開される遊びを楽しんでいる。

対して、年長にもなると、一つの遊びに集中する時間も長くなり、仲間と考えをだしあって遊ぶようになってくる。その反面、自分でやりたいことが受け入れてもらえなかったり、うまくいかなかったりすることも増えてくる。これは、年長になるにしたがって、過去から現在、そして未来へのつながりについて、それぞれの子どもなりに妥当性や整合性を求めるようになるからである。

たとえば、「どうして突然秘密基地になるの?」「カブトムシは仮面ライダーと一緒に戦うことはしないよ!」、などという想いが強くなる。現在の瞬間だけではなく、延び拡げられた時間を意識するようになるため、「このような展開だったらこのようなことが起こらないとおかしい」、といった意識をはっきりと抱くようになってくる。年長になるにつれ、遊びの世界における時間の流れに沿って、その世界ならではの出来事の安定した展開を求め、遊びの世界に特有の、「こうしたらこうならなければ」といった想いが強くなる。つまり、その世界内で生じる出来事が納得いくものとなったり、遊びが自然な流れとなるような暗黙の前提や了解を何となく支えているという意味での、妥当性の雰囲気[1]とでも呼べるものが重視されるようになる。

年長児では、このような妥当性の雰囲気に遊びの展開が沿っているか沿っていないかが重視されるために、そこにしばられるあまり、遊びを展開できなくなってしまい、遊び自体が頓挫してしまうことも増えてくる。たとえば、毎日同じ仲間と同じ場所で、繰り返しおうちごっこをしていると、同じことを繰り返す以上のことが起こらず、しだいにつまらなくなってくることがある。しかし、このような場合でも、その役らしい家族としての振る舞いを求められるために、年少児ではよく見られるような、「これから戦ってくる！」、といった突然の別展開にはなりづらい。

だからといって、妥当性の雰囲気を無視して、年少児のようにどのような展開でも今が充実していればよいというだけでは、年長児はもはや満足できない。妥当性の雰囲気によって、遊びの世界が安定し、確固としたものとして保障されているなかで遊びが展開していかないと、おもしろくなくなってくる。ごっこ遊びであれば、役を演じつくす楽しさが感じられないままに、何となく中途半端で終わってしまう、といったことも起こってくる。母親役の子どもが別の子どもと戦いごっこをし始めれば、「お母さんが遊んでいたら、ごはん作れないでしょ。そんなのお母さんじゃない！」などと、いざこざが生じることもある。

このように、たとえ明確に意識されていなくても、遊びが自然に展開したり、楽しく遊べたりするためには、その遊びを独特の仕方で支えている事態が何であるか、ということを子どもたちは暗黙のうちに共有している。こうした仕方である遊びが遊びとなるために何となく共有されているのが、妥当性の雰囲気なのである。

そこで、次の第2節では、こうした妥当性の雰囲気に応じて、そのつどの現在がそれぞれの子どもにとって異なる充実感をもたらしていることについて、探りたい。

第2節　現在の充実の違い

遊びは、現実の世界と対比され、想像の世界のこととして説明されることが多い。しかし、現実の空間や時間のもとで、現実の身体や遊具を使っているかぎり、遊びもまた、そのつど生きられている現実の世界内の出来事でもある。

たとえば、登園直後、ままごとコーナーで、女児がコンロの遊具の上でフライパンの遊具を揺すりながら、フトンで寝ている別の女児に、「早く起きて！」、と言う。これらの言動は、登園直後のままごとコーナーという現実の時間と空間のなかで生じているため、まぎれもない現実の世界における言動であり、頭のなかの空想の出来事ではないことは、女児自身もわかっている。しかし、この女児は、現実に自分の身体や遊具を使い、自分の身体を動かし、言葉を発していながらも、母親として、家族の朝ごはんのために目玉焼きを作っているという、想像の世界をも生きている。このように、遊びでは、現実の世界で生じていながらも、演じられている内容は想像の世界内のことでもあるという仕方で、この女児は二つの世界を同時に生きていることになる。それゆえ、実際の現実の身体活動や遊具の扱いが充実していることが、遊びの楽しさを支えていることになる。

戦いごっこなどで、相手の身体に対する攻撃があまりにも強すぎたり、うまく相手に攻撃できなかったりすることが続けば、楽しさや充実感は得られず、想像の世界は消え去り、遊びが続かなくなる。ごっこ遊びでも、現実の遊具や遊具となるような材料が何もない状況では、たとえ想像の世界であるとしても、特定の状況を創造し、その状況を仲間と共有していくことはかなり難しい。ままごとコーナーもコンロもフライパンもなければ、身体の動きだけで母親が朝ごはんを作るといった状況を仲間に伝えることは難しく、母親になりきって料理を作る楽しさを満足に味わうことも難しくなる。たとえ遊びが想像の世界内の出来事であったとしても、その遊びのなかでの現実の身体の動きや現実の遊具の存在に応じて、遊びに対する子どもたちの充実感が異なってくる、ということがわかる。

特に年少児の場合は、現実の身体の動きの大きさやその繰り返し自体が楽しさと密接に結びついていることが多い。このことは、広い場所で思わず走りだし、走ることをただ楽しんだり、身体を動かし始めると機嫌がいつのまにか直ったりといった、年少児によく見られる姿に現われている。

しかも、年少では、何を象徴しているかがわかりやすい遊具を用意しておくなど、遊びの世界を支える物的環境に対して、年長とは異なった配慮がなされることが多い。保育室には、ぬいぐるみや汽車のおもちゃなどが置いてあったり、ままごとコーナーには食器類に加え、木の果物や野菜が置いてあって、おもちゃの包丁で切れるようになっていたりもする。これらの遊具は、それで遊ぶ子どもにとっては、たとえば動物のぬいぐるみが本物の動物を、おもちゃの食器類が本物の食器類を容易に象徴させてくれている。

特に幼稚園への入園当初は、保育者と一緒にいることで何とか遊び続けられる子どもも多く、現実の他者の存在が遊びと大きく関わっていることも、年少児のあり方として理解されている。たとえば、誰か一人がジャンプしだすと、他の子どもたちも椅子から立ってジャンプをし始め、帰りの集まりがなかなか進んでいかない、といったことが生じる。年少児によく見られるこうした姿も、他の子どもの存在や動きによって子どもたちの動きが自然と引きだされ、現実に身体を動かすことに楽しさを感じていることの証である。

以上のように、現実の身体の動き、遊具、他者の存在は、子どもたちの楽しさや充実感と密接に結びついており、その結びつきは特に年少児において顕著に現われることが多い。このことからすれば、集まりの場面などでじっと静かに待っていなければならず、自分の身体を動かさない時間が長く続くことは、年少児にとって困難なことであり、しだいにつまらなくなってくる。その結果として、手なぐさみにとどまらず、足をバタバタさせてみたり、持ち物をいじったり、仲間に「ちょっかい」をだしてみたり、時には席に座らずに寝転がったり、走り回ったり、ということも起こってくる。

しかし、年長になると、手先を小さく動かすだけの手なぐさみでやり過ごしたりと、自分の身体を実際に大きく動かさなくとも、自分の感情や気分を何とかコントロールできるようになってくる。集まりの場面でも、みんなで足をバタバタさせたりすることもなくなってくる。

遊びで言えば、何の象徴であるのか、どのように遊ぶかといったことが、一目でわかるような遊具がなくとも、言葉のやりとりだけで、イメージを仲間と共有することが可能になってくる。様々な材料を使って、その遊びに適切な遊具や状況を自分で工夫して創造していくようにもなる。ままごとでも、「明日はパーティーね」と誰かが言えば、その時点でパーティーらしい遊具はなくとも、パーティーの世界が共有され、パーティーにふさわしいごちそうやケーキを空き箱や折り紙などで作りだしたりする。人間関係においても、特定の仲間だけではなく、遊びに応じていろいろな子どもたちを誘うようになる。招待状を作って、「パーティーにみんなを招待しよう!」、といった展開もよく見られるようになる。

前の節で明らかにした時間感覚の違いもふまえれば、年長になると、ある時点で充実感が得られなくとも、やがて現在となる未来において充実していくだろう、という見通しや期待がもてるようになってくる。そのため、そのつどの現在をやり過ごしたり、きたるべき現在が充実するためにはどうすればよいか、ということを自分たちで考えられるようにもなる。先の例で言えば、充実した時間となるはずの未来のパーティーに向けて、多くのごちそうを地道に作ったり、空間の飾りつけをしたりと、自分たちで役割を取って様々な準備ができるようになってくる。同様に、集まりの時間に手なぐさみをするといったことも、その集まりが終われば何かができるから静かに座っていようといった、年長児なりの時間感覚のもとで、充実していない状態を何とかしてやり過ごそうとする姿として理解できる。

ここまでで示した違いは、年少から年長にかけて、子どもたちは、何らかの知識や技術を獲得したり、能力を身につけたり、といった変化に基づくものではない。年少児と年長児とでは、感じている世界、生きられている世界が異なっているのであって、子どもの存在そのものが異なったあり方をしているのである。さらには、「赤ちゃん返り」とまではいかないにしろ、それぞれの子どものおかれている状態によっては、一見すると発達が逆行しているような言動を見せる子どももいる。たとえば、それまで仲間と一緒に遊んでいた子どもが、保育者を急に求めるようになったりすることもあれば、それまでは集まりの時間に座っていられた子どもが、急に座らなくなったりすることもある。

こうしたことからしても、発達の道筋に子どもの姿を単に位置づけることでは、子どものそのつどのあり方に迫ることはできないだろう。子どもたちはそれぞれの「今、ここ」で様々な経験をしているのであり、そのつどの子どものあり方を理解することが、保育者をはじめとする、おとなに求められているのではないか。こうした理解を積み重ねることを通して、初めて、一人ひとりの子どもの変化も捉えられるようになるはずである。

それゆえ、次からの章では、実際の様々な事例を通して、その事例における個々の子どものあり方を探ってみたい。その際に、保育において最も重要な活動として位置づけられ、子どもたちの存在そのものが表現されているとも言われる、遊びに着目したい。遊びの世界の奥深さと豊かさの内実を探ることを通して、子どものそのつどのあり方に迫るための一契機となることをめざしたい。

注

［1］ 妥当性の雰囲気とは、フッサールによれば、「〇〇は××である」といった判断を次々に下すことを潜在的な次元で可能にしている意識のあり方のことである。たとえば、ある一人の人間が、まず第一の判断として、「鬼ごっこは追いかける人と逃げる人によって成立する」という判断をしたとする。そのうえで、さらに第二の判断として、「鬼ごっこが楽しく遊ばれるためには、逃げる人は複数いなければならない」という判断を下すためには、もう一度第一の判断を能動的に繰り返すことなく、第一の判断を前提としたうえで、第二の判断を下さなければならない。すると、第二の判断を下している時には、第一の判断を下したことが、暗黙の前提として、第二の判断を下している時の人間の意識に保持されており、

暗黙の前提として保持されている第一の判断が第二の判断が妥当であることを保証していることになる。しかも、この時の保証の仕方は、もう一度第一の判断を能動的に繰り返すことによってではなく、いわばそれとなく第二の判断を支えているため、こうした時の意識のあり方を、フッサールは次のように表現している。すなわち、複数の判断を連続的に下す際に、個々の判断について「能動的に意識すること……は、沈黙し隠されているが、しかしこのこと〔＝能動的に意識すること〕と共に機能している妥当性の雰囲気に常に取り囲まれている」（Husserl, 1976 S. 152, 210頁、〔 〕内は引用者による補足。以下同様）、と。

そこで本文では、妥当性の雰囲気についてのフッサールにおける以上の記述に基づき、ままごと遊びの場合だけではなく、子どもの活動や言動が時間の流れのなかでまとまりをもって支障なく連続的になされている時には、そのつどどのような活動や言動をしたかを特に意識することなく、次の活動や言動の妥当性を暗黙のうちに保証し、支えている事態を、妥当性の雰囲気と呼ぶことにしたい。

第3章　ままごとにおける豊かなあり方

遊びは、教育的な真剣さと生活に深く食い込む意義と高尚な奥ゆかしさを獲得する。

（Fröbel, I S. 465, 三174頁）

ごっこ遊びは、子どもの遊びの代表とも言える。現実の模倣でありながら、子どもの想像力が遺憾なく発揮され、現実と想像とが入り混じって次々と展開されるごっこ遊びの世界は、見ている人をも魅了する。おとなの予想を超えることが次々と起こり、子どもの姿に驚いたり、感心したり、大笑いしたり、時には気恥ずかしさを覚えたりもする。

ごっこ遊びは、子どもたちに密着している現実の日常生活と切り離して考えることはできない。「ごっこ」であっても、現実に拠りどころのない、子どもの勝手な空想の産物ではなく、「ママはそんなことしない！」という言葉に代表されるように、子どもたちはリアリティー（＝現実感）に強くこだわりもする。しかし、現実へのこだわりだけではなく、現実の生活では様々な理由からできないこと、やってみたいことをごっこの世界で行なうこともできる。たとえば、「毎日パーティーでケーキが食べられるのね！」「宇宙でレストランを開店しよう！」などといったことも、ごっこではいとも簡単に行なえる。現実の単なる再現や繰り返しではない、子どもの想いが反映された、多様な想像の世界が豊かに創造される。また、ごっこでは、お医者さんになったり、ネコになったり、テレビのヒーローになることもできる。何かになりきる楽しさは、ごっこ遊びの大きな魅力の一つである。

この章では、ごっこ遊びの以上のような魅力をより深く探っていくために、ままごとの事例を取りあげる。ままごとは、子どもたちの存在の基盤である現実の家庭生活がテーマになっており、母親を中心とした、最も身近な家族が模倣の対象となる。どの年齢でも行なわれるごっこ遊びの典型であり、お母さんごっこ、家族ごっこなどと言われることもある。

ままごとには、まず家となる空間が必要である。家は、家族と共に家庭生活を送る空間であり、食事や睡眠といった基本的な生活習慣が繰り返される場でありながら、様々なことがハプニング的に起こる可能性に開かれた場でもある。

ここからは、ままごとコーナーを中心に様々な展開を見せる事例を基に、ままごとにおける子どもたちの経験を子どものあり方に寄り添いながら、探っていく。

年長児　9月

ルミコ、ユキエ、アユミ、メイ、ナナ〔仮名。以下同様〕の五人でままごとをしている。役割は、お父さん役がルミコ、お母さん役がアユミ、娘役がユキエ、ネコ役がメイ、赤ちゃん役がナナであった。娘役のユキエは、ままごとの場所とは少し離れた、制作が自由にできる机でケーキを作っている。父親役のルミコは、「お仕事に行く」と言って、ままごとの場所を離れて、どこかへ出かけていった。

ままごとコーナーに残されたお母さん役のアユミが、「UFOキャッチャー行く?」とネコ役のメイと赤ちゃん役のナナに聞くと、メイもナナも、「はーい!」、と答える。アユミは、はじめは三人で行こうとするが、そうなると、ままごとのスペースが誰もいない状況になってしまうことに気づき、その場を離れることをためらう。そこで、アユミは、少し離れたところでケーキを作っているユキエに、「ユキエちゃん、ここの中入っていいから、ここ守っといて」と言うが、ユキエは「えー無理」、と言う。アユミは、困った様子で、それ以上は何も言わない。少しして、アユミは、「今からお買い物行って来ます」と言い、ままごとコーナーから一人で離れようとする。メイとナナもついて行こうとするが、ネコ役のメイに向かって、「だめ、ネコはだめなんだよ」、と言う。メイは、「ずるーい」と言うが、アユミは「ネコはペットだからお留守番だもん」、と返事をする。赤ちゃん役のナナは、「バブバブ」と言いながら、アユミについて行く。

一人ままごとコーナーに残されたネコ役のメイは、フトンの上で寝転がったりしている。そこへ、ユキエが完成したケーキを持って、「お父さんだけ仕事大変だから」と言いながら、ネコ役のメイしかいないままごとコーナーに入ってくる。続けて、お父さん役のルミコも、「ただいまー! おみやげ買って来たよ!」、と言って帰ってくる。ユキエは、お父さん役のルミコに向かって、「お父さん、テーブル出して」「倒して」と言い、ルミコが出したテーブルの上に自分が作ったケーキを置く。ルミコが、「これ何ケーキ? まるでゼリーみたいだけど」と言うと、ユキエは「＊＊＊〈聞き取り不可〉ケーキ!」、と嬉しそうに答える。そこへ、お母さん役として買い物に行っていたアユミたちが帰ってくる。

ユキエは、アユミに向かって、「今日（お父さんと）二人っきりでごはん食べるんだー！」と言うと、アユミは、「けち！」と少し怒って言い、ままごとコーナーの台所の方に向かい、赤ちゃん役のナナに向かって、「私もごはん作るから待ってて！」、と言う。ネコ役のメイと赤ちゃん役のナナは、ままごとの場所を少し離れ、ベランダに出て、ごはんができるのを遊びながら待っている様子である。ユキエは、お父さん役のルミコに、「いつも赤ちゃんばっかりおみやげあるから、私にだけ何か欲しい！」「コーヒーがいい？」などと、いろいろ話しかけ、ルミコはニコニコして聞いている。少しすると、ユキエが、「私の赤ちゃんとネコはどうした？」と、ままごとコーナーにいないメイとナナの存在を気にかけるが、アユミは、「大丈夫、外にいるから！」、と答える。

ごはんができたようで、五人でテーブルを囲む。お父さん役のルミコの正面には娘役のユキエがいる。ユキエの横には、赤ちゃん役のナナがいる。ユキエは、「赤ちゃん一人で食べれるのね。ゼロ歳だけど」、と言う。お父さん役のルミコは、「ケーキみんなで食べよう」と言うが、ユキエは、「ダメだよ！　これはお父さんだけ」と言い、「私が作ったの、すごいでしょう！」と、アユミに向かって言う。アユミが、「一口ちょうだい！」と言うと、ユキエは「いいよ」、と答える。

突然、ユキエが「地震だー！」と言い、嬉しそうにテーブルをガタガタと揺らし始める。アユミは、「赤ちゃんの上に何か落ちてきたことにするのね」と言い、コップを探し、赤ちゃん役のナナのおしりに落とす。赤ちゃん役のナナは、テーブルの下に隠れる。ユキエは、「まだ揺れてるー！」と言い、ままごとコーナーの食器棚をかなりの勢いでガタガタ揺らす。その後、すぐ片づけの時間になる。

この事例に登場してくる女児五人の様々なセリフや行動には、現実の家族の姿が反映されており、遊びと現実の生活とのつながりが見て取れる。ここからも、遊びの世界は、現実の世界に足場をもたない、単なる絵空事ではないことがよくわかる。しかし、日常生活のある一コマの再現だけではなく、子どもたちの想像力が遺憾なく発揮されている様子も読み取れる。

こうしたことから、現実と想像とが入り混じるなかで、子どもたちが実に多様なあり方をしている姿について、時間の流れに沿って、探ることにしたい。

まず第1節では、ごっこ遊びで子どもたちは、一方では現実の時間と空間のなかで実際に自分の現実の身体や遊具を使うことにより、現実の世界を生きながらも、同時に他方では、ごっこという想像の世界を生きていることについて、探る。第2節では、ままごとで子どもたちがそれぞれの役を演じている時には、演じられている人などの本質を子どもたちが的確に捉えていることについて、探る。最後の第3節では、現実の日常生活で子どもたちが実際に体験することによって認識したことをごっこ遊びで再認識することが、遊びの楽しさともなっている、ということを明らかにしたい。

第1節　現実と想像との二重性

まず冒頭でのアユミとユキエのやりとりに注目したい。アユミは、「UFOキャッチャー」に三人〔=ごっこの世界では二人と一匹〕で出かけると、ままごとの空間に誰もいなくなってしまうことに気づき、彼女たちの遊びの場所が誰かに取られてしまうことを恐れたのであろう。彼女は、ユキエに、「ユキエちゃん、ここの中入っていいから、ここ守っといて」、と言う。母親役のアユミのこの言葉は、遊びの役としてではなく、現実のアユミとしてユキエに呼びかけられたものである。子どもたちは、遊んでいる場所を一旦離れなければならなくなる時に、保育者やそばにいるおとなに、その空間を「守っておいて！」、とよく言う。ここでのアユミも、ままごとを行なううえで必要であり、家の要とも言える台所と見立てられている空間である、ままごとコーナーを現実に守ろうとし、それを現実のユキエに頼んでいる。

これに対して、ユキエは、「えー無理」と断り、ケーキを作り続ける。たしかに、「えー無理」という言葉自体は、アユミに「ユキエちゃん」と呼びかけられての応答ということからも、現実のユキエとしての言葉とみなせるかもしれない。しかし、この時のユキエは、現実のユキエでありながらも、想像の世界における娘でもあり、「えー無理」というのは、現実のユキエの想いであると同時に、ままごとでの娘としての想いでもあったはずだ。ここでユキエは、彼女がなりきっている想像の世界での娘として大切なケーキを完成させるためには、現実の世界でその場を離れることはできない、ということを主張しており、ユキエが想像と現実とのあいだで二重のあり方をしていることが明らかとなる。

ユキエのこうした対応に対し、アユミは、「困った様子で、それ以上は何も言わない」。ここでのアユミも、自分たちの家として見立てられているままごとの場所を確保しなければいけない、しかしそれができないという現実に対して、困っていただけではない。アユミは、ケーキを完成させるためにはそこを離れるわけにはいかないという、想像の世界における娘としてのユキエの想いを理解したからこそ、ユキエと共に想像の世界を維持していくうえでどうしたらよいのかがすぐにわからなかったためか、それ以上何も言わず、困った様子でその場で何かを考えている様子であった。すると、アユミも、ユキエの想いを十分に理解し、現実と想像との二重性を生きながら、困っていたことになる。

困ったアユミは、想像の世界で、新たな展開を創造していく。そのために発せられたのが、「今からお買い物行って来ます」、というアユミのセリフである。彼女は、ついてこようとしたネコ役のメイに、「だめ、ネコはだめなんだよ」、と続ける。このように、遊びの世界を維持しつつ、現実の問題を打開するような展開を創造していくことは、年長児だからこそできることである。

そこで、ここでのアユミについて、さらに詳しく探ってみたい。

アユミは、「ＵＦＯキャッチャー」に行くことを提案した時には、ネコがついてくることを拒む様子はなかった。しかし、現実の世界でままごとコーナーに誰もいなくなってしまうことは困ることであるが、だからといって、ユキエにままごとの場所を確保させることはできない、と感じた。よって、ユキエにはそれ以上何も言わずに、今度はネコ役のメイに、「だめ、ネコはだめなんだよ」「ネコはペットだからお留守番だもん」、と伝えている。

ネコが買い物に一緒に行けないのは、現実の世界ではもっともなことであり、一見すると、アユミのこの言葉は、現実の再現とも思われる。しかし、その前のユキエとのやりとりの流れを汲むと、アユミは、「ここを誰かに取られたら大変」「守らなきゃ」という想いから、ままごとを維持するうえで必要な、帰ってくるべき家や台所に見立てられている、現実の世界でのままごとコーナーに仲間の誰かがい続ける必要があると考えた、とみなせる。すると、ネコ役のメイに、「ネコはだめ」「ペットだからお留守番」と言ったのは、現実の単なる再現としての言葉ではないことになる。むしろ、このような展開を創造したことで、ままごとの世界における妥当性の雰囲気も確保しつつ、現実と想像の世界とのはざまで困ったことを、彼女は見事に解決している。

以上のような仕方で子どもたちが困ったことをそのつど見事に解決していくのは、ままごとで自分たちが演じている人などの本質を子どもなりの仕方で的確に捉えているからである。そこで次の節では、ままごとで演じられている人の本質を捉えているからこそ、それぞれの役を演じつくすことができる、ということについて探ることにしたい。

第2節　本質の浮き彫りと軽やかさ

ネコ役のメイ自身は、ままごとの場所を守りたいというアユミの想いに気づいていたかどうかは定かでないが、「ペットだからお留守番」ということをしぶしぶながら受け入れている。メイが、「私も行きたいのに！」とそこで強く反論せず、ネコの振る舞いを続けたのは、その役に応じた適切な振る舞いをすることが、ままごとがままごととして成立するための絶対条件であることを、メイなりに理解していたからであろう。ここでは、「買い物に行きたいのに行けない！　ずるい！」という現実の自分の想いは、ネコ役としての妥当な振る舞いに優先されるものではないことを、メイは暗黙のうちに了解したのであろう。

遊びの世界では、この遊びでは○○のようにあらねばならない、この遊びでは○○しなければいけない、××はしてはいけない、ということが、遊んでいる者の振る舞いや言動を暗黙のうちに規定している。そのため、遊びについての暗黙のこのような了解が無視されると、遊びはすぐに崩壊してしまう。暗黙のうちにこのように了解されている内容は、遊び手が誰であろうと、遊び手がどう思おうと、自由に変えることはできない。そのため、当の遊びを遊びたらしめているという意味で、遊びの本質とみなされることになる。

買い物にはついて行くことができなかったネコ役のメイは、「ずるーい」とは言ったものの、ネコとして、フトンの上で寝転がったりなど、ネコらしい振る舞いをしている。ここでのメイは、ネコ役として、当たり前のようにネコを演じ続けている。「ペットだからお留守番」というアユミの言葉は、現実世界のネコの再現としての振る舞いをメイに対してより厳しく要求したようにも思える。しかし、ごっこ遊びのネコであるならば、ネコのように振る舞わなければならない、という遊びの本質からすれば、アユミの言葉が正当な主張であるからこそ、メイはこの言葉を受け入れている。

事例の後半では、ユキエが、「私の赤ちゃんとネコはどうした?」、と聞いている。これは、赤ちゃんとネコの二人が見えなくなり、ままごと遊びから抜けてしまったのではないか、という現実の想いもあったであろう。それに対して、アユミは、「大丈夫、外にいるから!」、と言う。ここでの「外」は現実の世界ではベランダであるが、「外にいるから!」という言葉は、外で遊んでいることを含意しており、ままごとの世界に二人がまだとどまっていることをアユミは伝えている。

このように、子どもたちは、遊びの空間を実際に離れたり、仲間の姿が実際に見えなくなっても、想像の世界である遊びから抜けたことにはならず、役になりきったまま、出かけたり、帰ってきたり、家族の帰りを待ったりしている。家を離れたとしても、仲間がそばにいなくても、ままごととしての遊びの空間は延び拡げられ、演じていた役の存在のままであり続ける。ごっこ遊びの本質とも言える、役を演じつくすことの奥深さと真剣さが、この事例の子どもたちの姿にも如実に現われている。

父親役のルミコが、「ただいまー！　おみやげ買ってきたよ！」と言うのは、おみやげを買って仕事から帰ってくる現実の父親の再現であろう。たしかに、ままごとの楽しさは、食事や睡眠など、現実の日常生活で繰り返される行為の再現にあるように思われる。しかし、実際の生活をそのまま正確に写し取ることは不可能であるし、子どもたちは、ままごとのなかで再現の正確さをめざしているわけではない。料理をするとしても、本物の食材や調理器具を使うわけではないし、「夜です。おやすみなさい」と言っても、実際に寝てしまうことはなく、パジャマに着替えたりもしない。この事例のユキエも、ケーキを作っていたが、それは空き箱にセロファンや色紙といった材料を使っていたし、ルミコが持ち帰ったおみやげも、現実の世界と同じおみやげではもちろんない。

このように、ままごとでは、現実の家族の言動を全体にわたって詳細に再現したり、家庭で用いられる道具などをそっくりそのまま使用することはない。子どもたちは、ままごとで、現実の日常生活で実際になされている言動のかなりの部分を省略している。しかし、子どもたちは、現実の家族や物の本質を非常に的確に捉えており、このような振る舞いをすればその役になりきることができる、これがありさえすればこの物や出来事を表現できるといったことを、役や物自体についてそのつど考えたり思いだしたりすることなく、いともたやすく自分の現実の身体や手許にある遊具を使って表現する。子どもたちは、こうしなければいけない、これがなくてはいけないという、再現したいものを遊びのなかで存在せしめるために、絶対に必要である部分と、なくても問題がなく、省略をしてもよい部分とを、現実の日常生活を営むなかで、かなり的確にあらかじめ理解しているのである。

このように、こうすれば、あるいはこれさえあれば、再現したい人や物の存在が確かなものとして、遊んでいる子どもだけではなく、遊びを見ている他の子どもやおとなにとっても共有されるという意味での、その人や物の本質を子どもたちは的確に捉えている。遊びの世界で、その本質を表現して存在せしめることを、ガダマーは「本質を浮き彫りにする」[1]、と表現している。ガダマーに即せば、母親ならば母親に典型的な振る舞い、母親ならではのセリフを使って、見事に母親になっている時、その子どもは母親の本質を的確に捉えており、自分の振る舞いによって母親の本質を浮き彫りにし、遊びの世界における母親を存在せしめていることになる。

しかし、ここで注意しなければならないのは、本質を浮き彫りにする際の本質とは、誰にとっても目で見て捉えられる他者の典型的な振る舞いやセリフのことではない、ということである。子どもたちは、本質を浮き彫りにするなかで、現実の人間の想いまでをも再現している。「お父さん『だけ』仕事大変だから」〔『 』は筆者の補足〕というユキエの言葉は、「仕事をしているお父さんは特別な存在」、というユキエを含めた家族が父親に抱いている想いの本質さえをも浮き彫りにし、再現しているのである。[2]

この事例で本質が見事に浮き彫りにされている様は、「けち！」と言って台所に向かう、アユミの振る舞いにも現われている。たしかに、夕飯を用意するために台所に行くことは当然の振る舞いである。しかし、母親にとって台所は、単に調理するだけの場ではない。アユミが、「けち！」という言葉をきっかけに、少し怒った様子で台所に行き、赤ちゃんのごはんを作りだす様子からは、母親にとって、台所は何かの出来事をきっかけに頻繁に出向く場所であり、特別な場所であるという、台所に対する母親の想いまでもが再現されている。ここでのアユミは、母親にとって台所がどのようなものかまでをも捉え、母親の想いと共に、母親にとっての台所の本質を浮き彫りにしているのである。

ここまで探ってきたように、ままごとでは、そこで再現されることになる人間などの本質が浮き彫りにされる、ということが生じているかぎり、子どもたちには、本質を浮き彫りにするための真剣さが求められることになる。この真剣さは、たとえば、母親役を演じている子どもの言動をめぐって、「ママはそんなことしない！」といった言葉で、しばしば「いざこざ」に発展してしまう子どもたちの姿からも、容易に明らかとなる。

しかし、ごっこが遊びであるかぎり、そこには遊びに特徴的な軽やかさも同時にそなわっており、子どもたちはごっこにおけるこうした軽やかさにともなう楽しさも味わっているはずである。

では、子どもたちは、一方で真剣さを求められるごっこで、どのようにしてごっこ遊びの軽やかさを楽しんでいるのだろうか。

このことを探るために、まず注目したいのは、「今日（お父さんと）二人っきりでごはん食べるんだー！」というユキエの言葉が、想像の世界を創造しながら、遊びをさらに展開させるための言葉だ、ということである。現実の生活では、他の家族がいる状況で二人だけで父親と夕飯を食べることはほとんどない。そのため、この時のユキエの行為は、現実の出来事の単なる再現ではないことになる。次の、「ダメだよ！　これはお父さんだけ！」というセリフも、同様である。するとここでは、現実にはできないけれども、してみたいという願望が、軽やかなセリフとともに表明されていることになる。

「いつも赤ちゃんばっかりおみやげあるから」という言葉も、現実の再現ではなく、「赤ちゃんばっかり」という状況を設定することによって、自分も父親に十分甘えられるという正当性が認められる状況を創造していることになる。このように、子どもたちは、自分の願望をごっこの世界で実現しようと、想像の世界を自ら主体的に様々に創造していく。しかし、それが遊びである以上、必死さや重苦しさは感じられず、気軽さや軽やかさを常にともなっており、このような気軽さや軽やかさが、単に現実の再現ではないごっこの世界を特徴づけている。

この事例の半年ほど前に、ユキエには実際に妹が産まれた。しかしだからといって、実際には、ユキエの父親がいつも赤ちゃんばかりにおみやげをあげるということはないであろうし、赤ちゃんだけに気持ちを向けることはないであろう。しかし、家族が増えたことの嬉しさや戸惑いが、ユキエのなかにあったであろう。このような背景からすれば、ユキエなりに捉えている現実の家庭生活における本質が、ままごとを通して浮き彫りにされていた、ともみなせる。そうだとすれば、この事例でのユキエの行為は、単なる想像ではなく、現実の父親に対する想いや願いを遊びのなかで表現していることになる。だからこそ、ユキエは父親のためにケーキ作りに真剣であり、簡単にはその場を離れられなかったのだろうし、「赤ちゃんばっかり」と文句も言っていることにもなる。

とはいっても、個々の人間が引き受けなければならない、現実の人間に課せられている役割や義務から解放されている気楽さや軽やかさがあるからこそ、遊びは楽しくなる。現実の家庭生活ではできないことや許されないことを遊びのなかで創造しながら、遊びを展開することで、遊びの世界が活気づき、想像から生まれた軽やかさが醸しだされる。赤ちゃんに愛情をたっぷり注いでいる両親、赤ちゃんが産まれて嬉しいけれども、赤ちゃんに対する両親の想いに対して少し複雑な想いもある自分、しかし、自分だけが父親を独占するわけにはいかないといった、赤ちゃんが生まれた姉としてのこのような現実を足場としながらも、そこから軽やかに浮遊し、ごっこの世界で現実の自分とは異なる娘を演じることをユキエは楽しんでいたのではないか。

しかし、たとえごっこの世界で現実の自分とは異なるあり方を演じることができるからといって、第1節で明らかにしたように、それぞれの役を演じている子どもたちは、勝手気ままに振る舞うことはできない。彼らの振る舞いや言動が、そのつどの遊びを維持し、展開させていくためには、それらが当の遊びを暗黙のうちに支えている妥当性の雰囲気に沿ったものでなければならない。しかし、この章で事例としているごっこ遊びで、子どもたちは妥当性の雰囲気を自ら主体的に形成している。そこで次の節では、こうした創造が子どもたちのそのつど発する言葉によって展開していくことについて、探ってみたい。

第3節　再認識の楽しさ

まずは、食事の場面でユキエの言った、「赤ちゃん一人で食べれるのね。ゼロ歳だけど」、というセリフについて、探ってみたい。

赤ちゃん役のナナは、娘役のユキエの横にいる。しかし、本当の赤ちゃんは、一人で食べることができないために、現実には、母親や父親の横にいなければ、家族そろって食事をすることはできない。よって、娘である自分の横に赤ちゃんがいるという、この食卓の状況を現実の状況とつなげ、ごっこの世界として確かなものとして成立させるためには、赤ちゃんは一人で食べられる設定が必要となる。

このことからすれば、ここでのユキエは、本当の赤ちゃんがいる現実の食卓の状況を非常に的確に認識しており、赤ちゃんとしてのナナが娘である自分の横にいる状況は、現実の再現としてはありえないことをわかっていたことになる。よって、この状況をままごととして妥当性をもった確実なものにするため、「ゼロ歳だけれど一人で食べられる」という設定を言葉で表明することにより、赤ちゃんがおとなの横にいなくてよい状況が創造され、この場にふさわしい妥当性の雰囲気が形成されることになる。

さらに言えば、ユキエのこの言葉は、赤ちゃんが食事を一人で食べられるという、想像の状況を創造しているだけではない。「赤ちゃんは一人で食べられないから、お母さんの隣りで食べさせてもらうの、だから、本当はありえないことだけれど」という、現実の出来事に対する認識を自分自身で再認識している言葉にもなっている。

ごっこ遊びで、子どもたちが本質を浮き彫りにする楽しさは、現実の世界で、「○○はこうなっているんだ」「○○するのは××のためだ」といった仕方で認識したことを、ごっこのなかで子どもたちが自ら再現しながら、改めて認識し直すという意味での、再認識する楽しさでもある。「お母さんはこうするんだよ。私本当は知ってるよ」といった、すでに認識しているが秘めたる想いでしかないことを、遊びのなかで実際に演じながら再認識することに喜びがある。この場面では、赤ちゃん役のナナは自分の横におり、自分が食べさせることも難しく、自分が食べさせることはユキエ自身が望む展開でもなかったであろう。しかし、ユキエは、「赤ちゃんは一人で食べられないから、お母さんの隣りで食べさせてもらう」、ということをすでに認識していた。それゆえユキエは、「赤ちゃん一人で食べれるのね。ゼロ歳だけど」と言葉にすることで、現実の食卓での出来事についての認識を遊びの世界で再認識することの楽しさと、想像の状況を創造することの楽しさを同時に一挙に感じていたことになる。

その後のユキエの「地震だー！」という言葉は、ハプニング的に何かが起こる家庭の再現でもあり、地震が起こったという想像上の出来事の展開を創造している言葉でもある。家が揺れて家のなかの何かが落ちる、といったことが地震の本質としてユキエに捉えられていたのであろう。「赤ちゃんの上に何か落ちてきたことにするのね」「まだ揺れてるー！」というセリフは、地震が起きたという設定を確実なものにするための言葉である。と同時に、地震という現実の出来事の再認識でもあり、再認識しながら想像の世界を創造し、その世界のなかでさらに妥当な活動を展開していく自分自身のあり方を楽しんでいる言葉でもある。

この事例を通して探ったように、一つの遊びのまとまりのなかでも、子どもたちは多様なあり方をしている。似たような遊びの行為に見えても、そこでの子どもたちのあり方はそのつど異なることにも、留意しなければならないだろう。

注

［1］現実の物や出来事や人間の行為が再現される時には、それらの本質が浮き彫りにされることを、ガダマーは次のように述べている。

現実の再現としての模倣によって成立するごっこ遊びで典型的となるように、現実の何らかの物や出来事や人間の行為が模倣される時には、模倣されるそれらの「もの」や「こと」が細部に至るまでそっくりそのまま繰り返されることはほとんどない。むしろ、模倣行為は、「偶然的であったり、本質的ではないもののすべてを背後に押しやってしまう」（Gadamer, S.109, 165頁）。たとえば、ままごとで母親を演じている子どもは、その子どもの日常的な振る舞い方や言動からは切り離され、その子どもの母親に独特の振る舞いや口調を再現することによって、母親の本質を浮き彫りにし、その他は省略してしまう。ガダマーの言うように、「模倣している者は、〔本質に関わらないものを〕削除したり、〔本質を〕浮き彫りにしなければならない」（ebd., 166頁）。しかも、第4章で詳しく探られるように、模倣は、現実のものやことの粗雑なミニチュアとは異なり、模倣されているものの「本質を浮き彫りにすること」によって、「〔○○の本質は〕そうなっている」ということを「示している」（ebd., 同所）。ままごとの場合で言えば、子どもによる母親の再現行為が母親の模倣となるためには、模倣されている母親をその子どもにとっての母親たらしめているところの、その母親の本質が浮き彫りにされなければならない。そうであるかぎり、模倣においては、模倣行為によって示されている「もの」や「こと」は、「表現されている〔現実の〕素材よりもより以上」（ebd., 同所）のものとなっている。子どもによってなされている「模倣……は、〔現実を〕写している繰り返しにすぎないものではなく、本質の認識である」（ebd., 同所）、ということになる。

なお、本質の浮き彫りは、ままごとにおいてのみ生じているのではなく、遊びにおいてかなり重要な機能を果たしている。そのため、第5章でさらに詳しく探ることにしたい。

［2］ままごとを見ている第三者にとっても、子どもたちの姿にリアリティーを感じ、気恥ずかしささえ覚えるのは、家庭内での他の家族への想いまでもが浮き彫りにされ、再現されているからであろう。家族の想いまでをも容易に再現することが可能であるのは、家族の一員の他の家族への想いが、日常生活を通して、子どもたちの身体に刻み込まれ、潜在的に蓄積されており、ままごとの際には、それを顕在化させすればよいからである。

メルロ－ポンティは、他者の想いのこのような捉え方について、相互浸蝕という言葉で解明している。相互浸蝕については、次の章で詳しく探ることにしたい。

第4章　模倣と真似

子どもは、すべての状況や印象に対して、最も繊細なおとなよりも感受性がさらに豊かである。
(Fröbel, II S. 389, 三344頁)

前の章では、現実の家庭生活の再現という仕方での、家族のあり方や振る舞いの模倣である、ままごとの事例から子どもたちの多様で豊かなあり方について探った。そこでの子どもたちは、現実世界内の他者や物の本質を非常に的確に捉えており、自分の身体を使って誰かになりきったり、手許にある遊具によって現実の物を象徴させたりといったことをいともたやすく行なっていた。子どもたちは、なぜこのように、模倣される対象についてそのつど考えたり思いだしたり、練習をすることなく、模倣を行なうことができるのであろうか。

この問いに答えるため、第1節では、おとなと子どもが共同して活動している時の両者のあり方についてのメルロ＝ポンティの解明をまず導きとする。その後の第2節から第5節では、他者の振る舞いや行為や言動を再現する際の子どもたちのあり方を、真似と模倣の違いという観点に基づいて、事例を具体的に探ることによって、明らかにしたい。

第1節　他者の想いの再現としての模倣

メルロ－ポンティは、二人の人間が共同して何らかの事柄や物に関わっている時のあり方を、相互浸蝕という言葉を用いながら解明している。

相互浸蝕とは、周りの状況や物に対する二人の人間の想いや関わりが、お互いに一体となっている状態にある、ということである。たとえば、子どもと、親や保育者といった子どもに親しみのある他者が一緒になって何らかの活動をしている時に、両者のあいだで生じている暗黙のつながりのことである。親しい者同士のあいだでは、一方の想いや活動が、もう一方の想いや活動に入り込んでいるからこそ、両者は一体となって活動できる。このように、二人の人間の想いや活動がお互いに他方の想いや活動に入り込んでいる状態を、メルロ－ポンティは、相互浸蝕と呼んでいるのである[1]。

たとえば、母親が洗濯物を干そうとすると、子どもが洗濯物の入った籠から洗濯物を取って渡す、といったことがある。年齢を重ねると、母親が干すのを見てタイミングよく渡したり、タオルだけ先に渡したり、靴下をそろえたり、といったこともするようになる。母親の方も、子どもの渡すタイミングを見計らって、手を伸ばしたり、干す順番を決めたりする。この時、二人は一緒になって洗濯物を干すという活動へと一体化されており、相手の想いや活動へと、自分の想いや活動を入り込ませている、ということが起こっている。

こうしたことからすれば、相互浸蝕とは、子どもからすれば、外の世界〔＝物や人〕に対する他者の意識や想いが、子どもの身体に浸入し、あたかも子ども自身の意識や想いであるかのように感じられる事態であることになる。たとえば、母親が怒りを抑えている際に、周りの人間は怒りに気づいていなかったとしても、子どもは物や出来事への母親のちょっとした関わり方や言葉を発する時の雰囲気の違いにはからずも気づき、母親の想いを感得することはよくある。この時には、外の世界に対する子ども自身の意識も、母親の想いと一体となり、はらはらしたり、緊張したり、母親の怒りが少しでも治まるように行動を変える、といったことをする。

当たり前のことではあるが、子どもにとって身近な他者であればあるほど、子どもとその他者とのあいだでは相互浸蝕が生じやすい。自分の親をはじめとする家族は子どもにとって最も身近な存在であり、家族とのあいだでは日常的に相互浸蝕が生じている。たとえば、母親が食事を作ったり父親と話したりする時の、母親の家族に対する想いが、子ども自身の想いともなる、といったことが日常的に起こっている。

しかしだからといって、子どもは、母親の身体行動やその際の想いや感情を観察し、たとえば、「お母さんは怒っている時はこんなことをするんだ」などと、観察した内容をいわゆる頭で記憶する、ということはしていない。子どもは、実際には自分の身体を動かしていなくとも、自分の身体があたかも母親の身体と共に活動しているかのような仕方で、母親の想いが自分の身体に刻み込まれる。だからこそ、子どもが何かを模倣する時には、それができるだけの身体の能力がともなっていさえすれば、家族の振る舞いを見ながら練習をすることなしに、家族の想いや振る舞いを一挙に再現することができるのである。

たとえば、ままごとで母親役の子どもは、実際には料理をしたことがなくとも、包丁で積木の野菜を切り、それをフライパンに入れて揺すり、皿によそってテーブルに運び、「できたわよ」「手を洗ってね」「熱いから気をつけてね」などといった言葉を介して、料理や家族に対する母親の想いを一挙に再現することができるのである。

ここまで、子どもの模倣行為についての基本的な考え方を概観した。ここからは、事例を基に、子どもの模倣と遊びについて、真似との違いに焦点を当てながら、さらに深く探っていくことをしてみたい。そこで、次の節では、事例に基づき、まず真似と模倣の違いを明らかにしたい。

第2節　真似と模倣の違い

まずは、ある女児がお笑い芸人の動きを再現している事例から、真似と模倣の違いを明らかにしたい。

年少児　11月

年少児のレイコは、入園当初から身の周りのことも自分でしっかりとでき、保育者や仲間の様子もよく見ており、「○○ちゃんみたいにしたい」「○○ちゃんはこうしてた」など、仲間の様子を保育者にはっきりと伝える姿もあった。その分、遊びのなかでは、仲間と一緒にいたい、仲間と同じ物を持ちたいという気持ちがかなり強く、仲間の存在をいつも気にしている姿もあった。様々な事象に対し興味は表わすものの、新しい遊びや場所には抵抗を示し、所在なさげに周囲の様子を窺うことも多かった。興味がないわけではなく、近くまでは来るものの、誘っても輪に入ろうとはせず、少し離れたところで様子をじっと眺めている姿もよく見られた。

クラスでは、二学期の運動会あけぐらいから、テレビによくでてくるお笑い芸人の真似をする子どもたちが増えてきていた。アオイやトモタカやタカユキは、「そんなの関係ねぇ！」「オッパッピー！」など、お笑い芸人のセリフと一緒に身体の動きを真似ることを登園直後や帰りの支度の時にすることが多く、三人で繰り返し行なって盛りあがっており、レイコも、笑いながら、その様子を少し離れたところで見ていた。しかし、レイコ自身の身体が動くことはなかった。

11月のある日の朝の登園時、母親と別れると、レイコは、「砂場に行く」と言って、外靴に履き替えて外に出た。私（＝筆者。以下同様）もしばらくしてから外に出ると、レイコが砂場の近くの陰で、「そんなの関係ねぇ！」「オッパッピー！」と一人で声を出して芸人の真似をしていた。私が少し離れたところでレイコの姿を驚きながら見ていると、そのことに気づき、少し気まずそうながらも、嬉しそうに走って近づいてきて、「お母さんには内緒ね」、と耳許でささやいた。

その日の帰りには、アオイと二人で「そんなの関係ねぇ！」「オッパッピー！」、と身体を動かして楽しそうにしている姿があった。

事例のなかでもお笑い芸人の真似と表記したが、真似と模倣の違いをまず明確にしておきたい。

前の節で述べたように、子どもたちには、親しい他者とのあいだでは、外の世界〔＝物や人〕に対するその他者の意識や想いを子ども自身の想いでもあるかのように感じるといった、相互浸蝕が生じている。ままごとなどのごっこ遊びでは、他者の典型的な振る舞いだけではなく、他者の想いまでをも再現している。前の章でのままごとの事例でも、アユミが台所に対する現実の母親の想いを遊びのなかで再現している姿を明らかにした。

ままごとに代表されるようなごっこ遊びでは、他者の想いまでをも再現することを楽しむ子どもたちの姿があり、これらの行為は、遊びにおける模倣とみなすことができる。

これに対し、他者の想いの再現ではなく、他者の身体的動作やセリフを単に再現することを楽しむ子どもたちの姿も多く見られる。典型的な例としては、戦隊モノのヒーローの変身ポーズをしたり、アニメの登場人物の恰好をしたりして、主題歌を歌いながら飛び跳ねる、といった姿があげられる。

この事例でも、子どもたちは、お笑い芸人のセリフや身体的動作に何らかの魅力を感じ、再現しているのであろうが、お笑い芸人の想いまでをも再現しているわけではない。芸人としての観客に対する想いとか、芸に対する真剣さ、といったことの再現を楽しんでいるわけではないのである。

他者の想いまでをも再現するのではなく、他者の言葉や身体の動きや外見的特徴の再現を行なうことを真似として、模倣とは区別することにしたい。

一見すると、同じことのように見える現実世界における他者の行為の再現ではあるが、他者の特徴ある言葉や動きなどの再現である真似と、他者の意識や想いまでをも再現する模倣は、異なる事態として子どもたちに経験されているのであって、彼らのあり方に迫ろうとするならば、この違いに着目しなければならなくなる。

そのうえで、次の節では、他者の行為を真似している時の子どもたちのあり方にも、かなりの多様性が認められることについて、具体的に明らかにしたい。

第3節　真似における多様なあり方

すでに述べたように、子どもたちが、ままごとで家族の模倣をいともたやすく行なうことができるのは、模倣の対象となっている家族の想いや身体的振る舞いが子どもたちの身体にすでに刻み込まれており、ままごとではそれらを実現すればいいだけであるからであった。

では、真似の場合はどうであろうか。この事例で、真似を楽しんでいたアオイやトモタカやタカユキは、お笑い芸人の身体の動きや言葉の発し方を練習していたのではなく、あたかも身体が勝手に動くかのように、芸人の動きを再現することを繰り返し楽しんでいた。このことから導かれるのは、アオイたちは、お笑い芸人の動きをテレビなどで見ている時に、自分の身体があたかも一緒に動いているかのような仕方で、お笑い芸人の身体の動きや言葉遣いが彼らの身体に浸蝕していた、ということである。つまり、テレビなどで芸を見ることで、お笑い芸人と一体となり、お笑い芸人の身体的な動きが自分の身体を通して働いている、といったことが起こる。その結果として、お笑い芸人の動きがアオイたちの身体に刻み込まれる。こうしたことは、戦隊モノやアニメのヒーローやヒロインの変身ポーズやセリフを再現することを楽しんでいる子どもたちの場合にも、同じように生じているはずである。

ただし、ここでのアオイたちが感じている楽しさは、ままごとの事例で明らかにされた、他者の想いの再現による楽しさではなく、他者の特定の動きや言葉の再現の繰り返しによる楽しさである、ということに注意すべきであろう。よって、ここで生じていることは、模倣ではなく、真似である、ということになる。しかし、テレビのなかの他者とはいえ、その他者からテレビを見ている者への身体的な浸蝕が生じており、お笑い芸人の身体的振る舞いとセリフを実際に再現する前に、それらの動きや言葉遣いが、身体に刻み込まれるという仕方で、アオイたちにすでに獲得されていたからこそ、真似を楽しむことが容易にできたはずである。改めて思いだしたり考えたりすることなく、容易に再現できるという点では、模倣も、ここでのアオイたちの真似も同様である。

ただし、ここでのアオイたちによる真似で再現された動きは、現実のお笑い芸人のそっくりそのままの身体の動きのいわゆる完璧なコピーではなかった。身体の曲げ具合や腕の伸ばし方、身体を動かしたりセリフを言ったりのタイミング、片足で立ってポーズを決めるなど、細かいところまでの再現はなされておらず、三人の動きもそろっているわけではなかった。

とはいえ、三人が真似をしている対象は同じお笑い芸人の動きであり、三人ともその芸人の動きの特徴はよく捉えていた。前の章のままごとの事例でのように、模倣の対象となっている他者の意識や想いまでをも再現することで、本質を浮き彫りにするといった事態には至っていないものの、身体的振る舞いやセリフのレベルでは、「そんなの関係ねぇ！」の本質を的確に捉え、真似していた、ということができる。

それに対してレイコは、レイコの母親の話からすると、お笑い芸人がでてくるテレビ番組は見たことがないようであった。するとレイコは、真似の対象となる現実のお笑い芸人からレイコへと浸蝕が起こるような経験はもちあわせていなかったことになる。

しかし、レイコは、お笑い芸人自体はほとんど知らなくとも、アオイたちの動きにおもしろさを感じ、興味をもっている様子であった。とはいえ、レイコの場合には、アオイたちのように、お笑い芸人の振る舞いや言葉等が身体には浸蝕していない。よって、「そんなの関係ねぇ！」と言う時の動きがあらかじめ彼女の身体に刻み込まれているわけではなく、それらの動きを容易に再現することは難しい状態にあった。どのような振る舞いをすれば、そのお笑い芸人の真似となり、本質を捉えた振る舞いになるのかについては、身体への刻み込みというレベルでは捉えられていない状態にあった。

そもそもレイコは、様々なことや出来事に興味は示すものの、知らない遊びに対しては不安や緊張を示し、少し離れて様子を窺い、担任保育者が誘っても、「やらない」「見ている」と、身体がなかなか動きださないことが多かった。レイコのこのような通常のあり方からすれば、何をどうすればアオイたちと同じ動きになるのかの確証がないままに、アオイたちの輪に入って、気ままに身体を動かすこともできない状態であったはずである。

こうした状態にあったレイコは、砂場の近くの陰になっている隅で、まずはこっそり自分一人で動いてみた。

この時のレイコは、笑顔ではあり、楽しそうではあるが、少し慎重に、何かを確かめながら行なっている様子であった。レイコは、自分が見て観察した「そんなの関係ねぇ！」に関して、実際に自分の身体を動かして、同じようにできるかどうかを試しながら確かめる、ということをしていたのではないか。言いかえれば、レイコは、観察を基にした練習をしていたのではないだろうか。

たしかに、レイコの場合には、アオイたちの身体の動きを繰り返し見ていたことで、自分の身体をどう動かせばよいかについての理解が進んでいたように思える。実際に自分で動きだせる状態になった時には、身体レベルにおいても、動き方がかなりの程度自分にもわかっていたであろう。しかし、アオイたちの身体の動きがレイコの身体へと浸蝕して、思わず一緒に身体を動かす、といったことはなかった。アオイたちのように、誰かがやりだすと自然と自分の身体も動きだすといったような、自分の身体と他者の身体との境界が消え、自分の身体の動きと他者の身体の動きとが溶け合う、といったようなことは起こっておらず、動きだせない自分をアオイたちとは異なる存在として、レイコはどこかで感じていたのではないだろうか。

だからこそ、レイコには、「そんなの関係ねぇ！」の真似を自分自身でやってみたいという想いだけではなく、アオイたちと同じ楽しさを共有したい想いも強くあったのではないか。

集団で生活する保育の場では、仲間の存在が重要になってくるにつれて、仲間と同じことをして同じ楽しさを共有したい、一緒に真似をすることで感情的な一体感をもちたい、という想いを抱く子どもは多い。その際に、この事例のレイコのように、簡単に真似ができず、そのことで不安定になる子どもも少なくない。特に、レイコのように、真似の対象を実際にはよく知らないだけではなく、自分がその対象を知らないということを自分でよくわかっており、仲間と同じようにできるかどうかを気にしてしまう場合、身体がなかなか動かず、尻込みしてしまうこともある。

この事例でのレイコは、自分で実際に動いてみることで、自分もアオイたちと同じような動きができるといった確証を得るに至った。結果として、この日の帰りの会以降は、多少ぎこちなさはあるものの、レイコにもアオイたちと同じ動きを楽しむ姿が見られるようになり、彼女はアオイたちと感情的な一体感を得ることができていた。動きを自分で確かめるといった練習としてではなく、自然と身体が動きだすような、アオイたちと同様のあり方に近づいていったように、筆者には感じられた。

レイコが砂場の陰で練習している際に、その様子を見ていた筆者に気づいた時には、自分の秘めていた内面を覗き見られたような気恥ずかしさや「バツの悪さ」もあったであろう。しかしそれ以上に、実際に自分の身体でもって真似をすることができた楽しさ、アオイたちと同じ動きが再現できた楽しさを感じている様子でもあった。

「お母さんには内緒ね」という言葉からも、必死さや、知られたらどうしようという想いは感じられなかった。母親のまなざしに対して恐れを感じるのではなく、母親が見たらおそらくいい顔はしないであろうこともわかりながら、むしろ、母親の評価から逃れでた「そんなの関係ねぇ！」の振る舞いを自分自身で認め、楽しんでいる余裕も感じられた。

以上のことからすれば、レイコは、「そんなの関係ねぇ！」の真似をする自分自身の振る舞いが、筆者や母親からどのように見られているかを十分にわかっていることになる。つまり、筆者の視点や、母親の視点からも自分の行為を捉え、同時に、それぞれの視点から自分の行為がどのように意味づけられ、価値づけられるのか、といったことも捉えていることになる。

それどころか、レイコは、筆者と目が合い、自分の振る舞いが他者のまなざしに晒されていることに気づいた時、「そんなの関係ねぇ！」の真似はしないだろうと思っている母親や筆者から見た自分と、本当は「そんなの関係ねぇ！」の真似をしたい自分という、その両方の自分自身を認めるに至ったのではないだろうか。「お母さんには内緒ね」と、筆者の耳許でつぶやいたレイコからは、自分自身の二義的なあり方を認めるに至っており、以前にはしばしば見られたような身体と心の頑なさも消えて、心身の柔らかさを筆者は感じることができた。

レイコの「そんなの関係ねぇ！」という、実際に実現された行為自体は、お笑い芸人の単なる真似でしかない。しかし、ここに至るまでの過程を鑑みると、レイコの「そんなの関係ねぇ！」は、単なる真似とは言えない、彼女のあり方そのものを考えさせられる行為ともなっているのではないだろうか。

たしかに、先に述べたように、相互浸蝕している他者の意識や想いまでをも再現することが模倣であり、単に言葉や身体の動きなどの外見的特徴の再現を行なうことが真似であって、両者は区別して探るべきものである。しかし、両者のあいだに全くの重なり合いや移行がないわけではなく、真似をしていたものがいつのまにか模倣へと移行する場合もある。

そこで次の節では、この移行が現に生じているエピソードをいくつか取りあげながら、真似から模倣への移行がどのように生じるかについて、探ってみたい。

第4節　真似から模倣への移行

仲間と遊具の取り合いになり、自分が使いたいことをお互いに主張し、ピリピリとした雰囲気になることはよくある。相手とそこまで対立するつもりはなくても、引くに引けなくなる状況もある。そのような時に、場の雰囲気から抜けだそうとし、意図的か無意図的かにかかわらず、「そんなの関係ねぇ！」、とやりだした子どもがいた。場合によっては、「何やってるんだよ！」と火に油を注ぐ結果になることもあるが、そこで場の雰囲気が一気に和らぎ、笑いが起こることも多い。

このような場合の「そんなの関係ねぇ！」は、他者の想いや雰囲気が和むような状況を作りだす作用をそなえているものとして子どもが行なっているのであり、他者に対する想いもそなえていることになる。たしかに、観客を笑わせようとするお笑い芸人の想いの再現とまでは言えず、お笑い芸人の模倣とみなすことは適切ではないであろう。しかし、外の世界に向けての想いも含まれている以上、お笑い芸人の振る舞いの単なる真似とはみなせなくなってくる。

同様のことは、「バカヤロー」などといった、いわゆる汚い言葉についても言うことができる。年長児が「バカヤロー！」と相手に怒鳴ったりしている状況を見たある年少児が、「バカヤロー」というセリフを真似することがあった。その子どもは、筆者のところにニコニコしながら来て、「先生、バカヤロー」とこっそり言ったり、「バカヤロー、バカヤロー」と独り言のように嬉しそうにつぶやきながら、着替えたりしていた。「バカヤロー！」と言っていた年長児の想いも当然感得されていたであろうが、そのような想いと共に発せられた「バカヤロー！」の響きに魅力を感じ、「バカヤロー！」と自分でも言ってみたい、と思ったのだろう。ただし、ここでは、年長児の想いの再現ではないために、模倣ではなく、真似であっただろう。

しかし、同じこの年少児が、「○○君のバカヤロー！」と仲間に怒って言うことがあった。ここでの「バカヤロー」は、もはや真似ではなくなっている。自分のなかに渦巻いた怒りなどの感情を相手に叩きつける言葉として、「バカヤロー」と言っている。この年少児は、年長児の姿を見て、「バカヤロー」が、それを言われた他者に非常に強い仕方で大きな影響を与える言葉だということは、何となく感じていただろう。この年少児の「バカヤロー」も、相手に対して何かしらの強い影響を与えようとしての「バカヤロー」であり、外の世界に対しての想いの再現という点で、単なる真似の領域を超えている。

遊びでも、真似と模倣の境界が明確ではない場合が多い。そこで、特にテレビのヒーローや芸人になりきって遊んでいる子どもたちの姿から、真似から模倣への移行の可能性も含めて、模倣と真似についてさらに探っていきたい。

特撮ヒーローやプリキュアなど、テレビのなかの人物の動きを真似することで遊ぶ子どもたちの姿は、よく見られる。こうした子どもたちは、どこに楽しさを感じているのであろうか。

テレビなどを通して、アニメのキャラクターや戦隊モノのヒーローの動きや言葉遣いなどが子どもたちに浸蝕している、ということはすでに述べた。しかし、テレビを見ている際の子どもたちは、見ているテレビのなかの人物に同化して自らの身体を動かすというよりは、食い入るように見て、むしろ身体を動かさないことの方が多い。微動だにせず、こちらからの呼びかけにも応じないことすらある。

テレビに食らいつくように見ている時には、テレビに登場する他者の想いが自分の身体を通して働いている、といったことが起こっているのだろう。自分が実際に身体を動かすことがなくとも、自分の身体もあたかも一緒に動いているかのような状態にあり、変身ポーズや戦いシーンなど、印象的で魅力的な身体の動きが子どもたちの身体に浸蝕するという仕方で刻み込まれ、現実の身体活動としては表に現われていないが、それらの動きが子どもたち自身の身体に蓄えられる。だからこそ、真似するためには、潜在的に蓄えられた身体の動きを実際に実現すればいいだけであり、子どもたちは、練習することなしに、いとも簡単に真似を行なうのであった。

以上のことからすれば、ヒーローの変身ポーズや戦いの再現を楽しむ子どもたちは、身体に刻み込まれ、すでに蓄えられている動きを実際に実現し、自分の身体でもってヒーローと同じ動きをすることに充実感を得ている、ということになる。つまり、ヒーローの動きを自分の身体でもって真似できる喜びを感じていることになる。たとえば、「先生見てて！」と言い、変身ポーズを行なう場合、「自分もヒーローと同じかっこいい動きができるんだよ」、という想いがあるだろうし、かっこいい動きができる自分自身にも満足して、楽しくなるだろう。

しかも、こうした楽しさにとどまらず、自分の動きを端緒として、一挙に遊びの世界を想像し、このことを通して、自分自身も楽しく生き生きとなるという仕方で、活性化させられるために、充実感はさらに強まる。「変身！」と言ってヒーローに変身し、キックをする子どもたちは、ヒーローの変身ポーズの真似を楽しむだけにとどまらず、自分の振る舞いによって、ヒーローの世界が一挙に創造され、自分自身もヒーローとしての存在に変わる。真似としての動きをきっかけに、ヒーローになりきることができ、あたかも自分が強くなったかのような感覚にもなる。

以上のような楽しさが感じられるからこそ、子どもたちはヒーローの真似を繰り返すのであろう。しかし、真似の繰り返しでは、遊びがそれ以上の展開になかなかならないこともある。たとえば、変身をして、壁や空気にパンチやキックを繰り返すこと以上には、遊びが展開しないことも多い。

では、「あっちに敵がいるぞ！」などと言いながら、敵の存在を設定し、それを倒しに行く場合はどうだろうか。この場合は、敵を倒すというヒーローの意志や想いまでをも再現しているかのようにも思われるため、真似ではなく、模倣へと移行している、ともみなせそうである。

しかし、こうした場合の子どもたちの行為を模倣とみなすことは、はたして適切であろうか。

前の章で取りあげたままごとの事例では、ままごとの世界で、母親が赤ちゃんと買い物に行って来たり、仕事に行った父親がおみやげを買ってきたり、父親と二人でごはんを食べるという娘に対して母親が怒ったり、突如地震が起こったりなど、日常生活の再現に想像も加わり、展開が次々と創造されていた。こうした展開の豊かさは、ままごとでは当たり前である、と言ってもいいほどである。

ヒーローごっこの場合にも、何らかの敵を設定し、倒す展開になることはよくある。「まずい！敵が来たぞ！　隠れろ！」「今度の敵は強いぞ！」などと、様々な状況を創造したりもする。しかし、状況は様々に設定され、さらなる設定が創造されていくが、それらは、ヒーローに変身し、戦い、武器で技をかけ、敵を倒す、といった再現パターンのなかでのバリエーションにとどまってしまい、遊びの展開の可能性の幅は、ままごとと比較すると、乏しい、とみなさざるをえない。

それどころか、そもそも、ヒーローに変身して敵を設定して倒す子どもたちは、ヒーローの想いまでをも再現しているのであろうか。たしかに、テレビを見ている時には、浸蝕によって、ヒーローの想いを自分の想いとしていることが起こっているだろう。しかし、ヒーローごっこをする場合には、ヒーローの想いまでをも再現しているとはみなしづらい。

仮面ライダーで言えば、特に平成以降の仮面ライダーは、ストーリーがかなり複雑で、登場人物の関係も入り組んでいて、仮面ライダーが何人も登場し、ライダーに応じて戦う理由も様々であったりする。しかし、子どもたちが仮面ライダーごっこをする場合、戦うことに対する個々の仮面ライダーの想いや敵や仲間に対する想いの再現を楽しむ、といったことはほとんどない。むしろ、変身し、戦い、武器で技をかけ、敵を倒す、という一連の行為が再現されるだけである。それらの一連の行為は、子どもたちにとって、ヒーローの本質を自分の現実的な身体の動きで体現する行為でしかない。そのため、たとえヒーローの想いを捉えていたとしても、その想いの再現には至らない。これらのことからすれば、敵を設定して倒すことも、ヒーローの意識や想いなどの再現とはみなせず、戦いという一連の行為の真似とみなすべきである。

他方で、前の章で探ったままごとの事例で明らかにされたように、ままごとの世界では、日常生活の再現に想像も加わり、展開が次々と創造されるのであった。

そこで次の節では、想像によって創造されるままごとの世界の豊かさは、現実の日常生活における体験の豊かさに対応していることを、明らかにしたい。

第5節　再現における現実の体験の豊かさ

もちろん、子どもたちの豊かな想像力で、仮面ライダーごっこで、「仮面ライダーのレストランってことね」「仮面ライダーショーをするから招待状作る！」などと、変身して戦うパターンとは異なった展開になり、遊びが拡がっていくこともある。しかし、そこでの子どもたちは、仮面ライダーの再現を楽しんでいるというよりは、仮面ライダーをテーマとした世界を自分たちの想像で新たに創造し、仮面ライダーになりながら、レストランごっこやショーごっこを楽しんでいる。よって、厳密に言えば、仮面ライダーの本質を捉えた再現ではなく、仮面ライダーの想いの再現を楽しんでいるわけでもない。

ままごとでも、同じパターンの繰り返しで遊びが停滞しているように見えることもある。しかし、遊びそのものがそなえている展開の可能性の幅は、現実の家庭生活の再現を楽しむというままごとの特性からすれば、ままごとの方が本来かなり広いはずである。

たしかに、その可能性をいかに活かして展開していくかは、子どもたちの想像力と創造力による部分がかなり大きい。しかし、子どもたちの主体的な想像力や創造力だけでは、遊び自体がそなえている展開の可能性を超えられず、子ども自身がどうしていいのかわからなくなってしまうこともある。このことを、次の年中児の事例を基に、探ってみたい。

年中児　11月

男児二人が、「爆笑レッドカーペット（＝当時流行していたテレビ番組であり、お笑い芸人がネタを披露した後、カーペットごと脇に引っ込む）」をすると言って、年少児を呼びに来る。ロッカー室がステージのようで、年少児クラスの担任である私は、クラスの何人かの子どもたちと一緒に見に行くことにした。

すると、年中の男児二人は、「そんなの関係ねぇ！」を始め、いろいろな芸人の動きや口調を次々と真似し始めた。男児たちのクラスの担任保育者もおり、一緒に見ながら大笑いし、本人たちも笑いながら真似を続けていた。

しかし、しばらく真似を繰り返したものの、やること（＝ネタ）がなくなった後、二人とも固まって、顔を見合わせた。そのまま何も言わず、一目散に廊下を走って、逃げるように自分たちの保育室に帰っていった。

この男児たちの行為は、お笑い芸人の振る舞いをただ繰り返す真似ではなく、観客を呼んで、ネタを見せて笑わせる、ということまでをも再現している。そのため、お笑い番組の設定のもとで、お笑い芸人を模倣しているようにも思える。芸人の身体的な動きや発声の仕方などを繰り返しているだけではなく、観客を設定して観客を笑わせようとしていることから、観客に対する芸人の想いの再現であり、模倣である、ともみなせるかもしれない。

ただし、先のレイコの事例と同様、この事例の子どもたちも、芸人の想いの再現というよりも、芸人の動き自体を真似することを楽しんでおり、そこに観客がいるとよりそれらしく、自分自身が活性化されて楽しめる、とみなした方が適切であるのではないか。そうであれば、ヒーローごっこで、「先生見てて！」と変身ポーズをする子どもと同様であり、この事例での行為は真似とみなされるべき行為となる。

たしかに、男児たちは、お笑い芸人のネタを続けていた時には、自分の動きでもって様々なお笑い芸人の真似をすること自体を喜び、そうした自分自身の振る舞いによって、テレビ番組の世界を創造することを楽しんでいただろう。また、観客である保育者や年少児が大笑いしている様子にも満足していたはずである。これらのことからすれば、男児たちには、「爆笑レッドカーペット」という遊びの世界を創造していく力が十分にそなわっていることになる。

しかし、お笑い芸人の動きや発声を繰り返す以上の展開にはならずに、ショーは止まり、終わってしまった。すぐに終わってしまった理由としては、年中児が真似できるネタの数が少ないこと、複雑な言い回しの再現や、いわゆるオチまでが長いコントなどの再現は難しいであろうことがあげられるかもしれない。そのために、同じネタの繰り返しになってしまうことが、すぐに終わってしまった理由として考えられる。

しかし、それだけではないであろう。お笑い番組の再現であるこの遊びは、お笑い芸人の身体の動きや言葉を真似する以上の想いの再現が生じる可能性にそもそも開かれていなかった。たとえ、男児たちの行為が単なる真似ではなく、お笑い芸人の想いまでを再現していたとしても、そこから想像力をもってさらなる展開を創造していくことは、再現の対象であるテレビ番組の特性からして、そもそも困難であった。

本質を浮き彫りにするという観点からすれば、テレビ番組で見た体験を再現する場合と、現実の世界における体験を再現する場合とでは、そもそも、再現されるはずの現実の出来事にもともとそなわっているところの、本質の豊かさが異なっている。

このことをままごとを例にして述べれば、次のようになる。

ままごとで再現される現実の日常生活では、食事や睡眠、それに必要な買い物や料理、フトン敷きなど、行為自体が単発な動作で終わるものではない。同じことの繰り返しだけではなく、動物園に行ったり、誰かが病気になったりと、突発的な出来事が当たり前のように起こる。よって、ままごとで再現される動きも多様であり、展開の可能性も大きく開かれている。前の章のままごとの事例で言えば、娘役のユキエは保育室にある遊具で工夫してケーキ作りをし、アユミは赤ちゃん役のナナをつれて買い物に行き、食事の後には地震も起こっていた。

さらに、ままごとは、家族の想いの再現でもあり、再現される家族の想いは、現実の生活のなかで子ども自身の想いともなっている。子どもたちは、他者の様々な感情や身体的振る舞いを日常生活で目の当たりにしており、それらを自分の想いともしている。感情と身体的振る舞いの関係は複雑であり、怒っている時には目をつりあげて、こぶしをつきあげるなど、かなり複雑で多様な結びつきによって成り立っている。母親が怒りを表わすまいと、静かに怒るといったことも往々にしてあり、このような母親の想いを自分の想いとする場合は、怒りをだすまいとする母親の複雑な感情やそれにともなう身体的振る舞いまでをも子どもたちは捉えている。そして、自分自身も含めた家族の想いが、「ごっこ」のなかで豊かに再現される。このことは、前の章のままごとの事例であれば、母親役のアユミが、単に料理をするだけではなく、台所に対する母親の想いを見事に再現していたことからも、明らかとなる。

他方、お笑い番組の再現の場合には、お笑い番組自体における行動がそもそもパターン化されていて、突発的な出来事が起こることはなく、お笑い芸人の動きも単発である。ままごとのように、自分の身体や遊具をどのように使ったら、現実に生じていたかつての他者の身体的振る舞いや言動の本質を浮き彫りにできるかを、想像力を豊かに働かせながら工夫したり、新たな展開を創造していく余地はほとんどない。しかも、お笑い芸人の想いは、先の静かに怒る母親のように、現実の日常生活で出会う他者ほどの豊かさをそなえていない。こうしたことからすれば、この事例では、想いを再現することを基盤として、新たな展開を想像し、創造していくことがそもそも難しかったのである。

この事例での男児二人は、ネタが尽きた時、どのように振る舞えばいいのか戸惑い、これ以上どうしていいのかわからなくなったためか、二人で顔を見合わせて、その場を走り去っていった。それまでに創造したごっこの世界が弛緩し、自分や観客が現実の世界に引き戻され、いわゆる「シラケ」た状態になる前に、何も言わずに逃げるようにその場からいなくなるという行為によって、ごっこの世界に自ら終止符を打たざるをえなくなったのであろう。

以上のことからすれば、この事例の遊びがさらに発展しなかったことは、この男児たちの個人の能力や記憶力の問題ではなく、想像力の乏しさといったことでもないことになる。遊びの展開の可能性の幅は、真似にとどまらずに、他者の想いの再現を基盤に多様な展開を想像して創造する可能性に開かれているかどうかに応じており、再現の対象となる現実の体験の多様性や豊かさと相関しているだろう。遊びの世界を豊かに想像しながら創造することは、個々の子どもの力によるだけではなく、遊びで再現される現実の体験の豊かさと関わらせて探っていく必要があるだろう。

注

[1] 相互浸蝕という言葉は、他者関係についてのメルロ-ポンティにおける次のような事態を意味している。

たとえば、乳幼児の他者関係で非常に重要な機能を果たしている彼らと親との関係は、一般的に理解されているような、親とのあいだでの感情的な一体感に基づいているのではない。メルロ-ポンティによると、外の世界に対する両者の想いや活動が、相互に浸透し合っているという意味で、相互浸蝕していることによって、親と子どもの良好で親密な関係が築かれる、とされている。

浸蝕という言葉は、元来は地質学の言葉で、水や風などによって岩や断崖や地表が削られたり、蝕まれたりすることを意味している。しかし、メルロ-ポンティにおいては、むしろ、ある物体のなかに異質なものがじわじわと浸み込んできて、その物体を変質させるという、この言葉の語感に近い、先に述べたような意味で使われている。

私たちおとなの場合は、表面に現われることなく隠されてしまっているという意味で、潜在的であるが、乳幼児においては、彼らの諸活動に直接関わってくるため、隠されることなく表面化しているという意味で、顕在化されている乳幼児の他者関係の本質をなしているのが、他者とのあいだでの相互浸蝕である。

身体でもって何らかの活動をしている「他者〔を〕知覚〔している〕際には、私の身体と他者の身体は対にされており、二つで一つの行為を成し遂げることになる」(Merleau-Ponty, 1953, p.24, 136頁)、とメルロ－ポンティは言う。たとえば、戦隊モノのテレビ番組を見ている時の幼児は、ヒーローが悪役と戦っている変身シーンを、彼らの身体があたかも凝固したかのように食い入るように見ている。そのため、この時の幼児は、自分の身体を実際には全く動かしていないが、ヒーローの変身行為が子どもの身体へと浸蝕し、ヒーローと一緒になって、つまりヒーローと一体となって、二人で悪人と戦うという一つの行為を成し遂げていることになる。その結果、本文でも後で述べられるように、ヒーローの行為を後で自分で真似をする、ということが容易に可能となる。

すると、こうした子どもの行為に際して見逃されてならないことは、この時の子どもは、ヒーローとのあいだで感情的な一体感を感じているのではなく、自分とヒーローとが分化されることなく、ヒーローがおかれている状況のなかへと溶け込んでいる、ということである。このことをメルロ－ポンティの言葉で補足するならば、次のようになる。戦隊モノのヒーローやプリキュアの少女といった他者を知覚することは、「私〔＝子ども〕が、自分がただ見ているにすぎないその〔＝他者の〕行為を、ある種の仕方で離れたところから生き、それを私〔＝子ども〕の行為とし、その行為を譲り受けたり、理解したりする」（ibid., 同所）、と。

こうしたことから、この本でも、テレビに映しだされる戦隊モノのヒーローやプリキュアといったテレビのなかの登場人物の身体活動が、それを見ている子どもたちの身体へと浸蝕する、といった事態について後で具体的に探ることになる。

しかし、現実の人間の身体活動を模倣する場合は、本文で直後に探られるように、テレビの登場人物の場合とは異なり、「ごっこ」で模倣する前に、模倣される現実の親しい他者と子どものあいだでは、外の世界〔＝物や人〕に対する両者の意識や想いがお互いに浸蝕し合うという、相互浸蝕がすでに生じているのである。

第5章　本質の浮き彫り

子どもの全存在は、一つの大きな眼のようなものとして、諸印象へと開かれており、それらに引きわたされ、身を委ねてしまっている。

（Fröbel, II S. 17, 二34頁）

前の章までで見てきたように、遊びでは、○○のようにあらねばならない、この遊びでは○○しなければいけない、××してはいけないといったことが、暗黙のうちに遊んでいる者の振る舞いや言動を規定している。このように、暗黙のうちにその遊びを規定し、支えているものが、その遊びの本質となっている。たとえば、母親ならば母親に典型的な振る舞いをしたり、母親ならではの言葉や口調を使って、見事に母親になっている子どもは、母親の本質を的確に捉えており、自分の振る舞いによって母親の本質を浮き彫りにし、遊びの世界における母親を存在せしめている。それゆえ、この本質が守られないと、「お母さんはそんなことしない！」、と言われてしまうことになる。

しかも、遊びのこうした本質は、ごっこ遊びだけではなく、すべての遊びにそなわっている。鬼ごっこでも、鬼は誰かを追いかけてタッチをする、それ以外の人は追いかけられる、タッチしたら鬼を交代しなければいけないといった、いわゆるルールと言われるような本質がある。もしもこの本質が守られず、たとえば、鬼になって追いかけることが嫌で、鬼役の子どもが座り込んでしまったら、鬼ごっこは成立しなくなってしまう。

遊びを支配しつつも、遊びを支えてもいる遊びのこのような本質は、自分の想いによって一方的に変えることはできない。たとえば、鬼ごっこでは、「鬼が一人だと大変だから、増やし鬼にしよう」、といった提案がされることがある。その場合は、鬼ごっこの本質を変えたというよりも、鬼ごっこの本質のもとで新たに鬼を選ぶことになる。また、「タッチされたら、鬼は10数えてから追いかけることにしようよ」、といったことをある子どもが主張することもある。しかし、この主張も本質に関わることではなく、鬼は誰かを追いかけてタッチをしなければならないといった絶対的な本質に付随するバリエーションの一つでしかない。この場合には、どのバリエーションを採るかを、仲間で調整することが必要となる。

このように、子ども自身の意思決定が及ぶ範囲はある程度はある。しかし、絶対的な核とも呼べるような遊びの本質までをも自由に変えてしまうことができるとしたら、他の仲間には受け入れられず、遊びとして成り立たなくなってしまう。「僕はタッチされても鬼にならない」「先生だけにタッチする」というようなことが生じてくれれば、「ずるい！」「先生ばっかり追いかけてつまらない！」ということになり、遊びを楽しむことはできなくなってしまう。

以上のことからは、ある遊びを楽しむためには、その遊びの本質を了解して、実現することが前提となっている、ということがわかる。

そこでこの章では、遊びの本質と真似や模倣を楽しむ遊びとの関係について、さらに探っていきたい。まず第1節では、ごっこ遊びで本質を浮き彫りにするとはどのようなことかを、事例に基づき明らかにする。第2節では、見よう見まねをすることとの対比により、こうした本質を遊びのなかで浮き彫りにする際に生じていることを、具体的に明らかにする。そのうえで第3節では、本質が浮き彫りにされる過程について、探りたい。

第1節　ごっこ遊びにおける本質

前の章までで明らかにしたように、ごっこ遊びでは、模倣の対象となる他者の身体的振る舞いや言動の本質を浮き彫りにすることが求められる。たとえば、ままごとでの母親役ならば、母親に典型的な振る舞いや口調などを通して、母親の本質を的確に捉えて再現することによって、遊びの世界で母親が見事に存在することになり、母親の本質を浮き彫りにしていることになる。このように、ある役らしく演じることを実際に行なうことは、同時に、再現したい人や物の本質を浮き彫りにすることにもなっているのである。しかも、この場合には、再現したい人や物の本質をあらかじめ捉えていることが前提となっている。

このように、実際にそれらしく振る舞うことを実現することで、あらかじめ捉えられている再現したい人や物の本質を浮き彫りにすることを楽しむのが、ごっこ遊びである。ここに、ごっこ遊びの豊かさと深さがある。

このことからすれば、それらしく振る舞うという「ごっこ」の本質を実現することが難しくなる場合の一つに、再現の対象となる人や物の本質があらかじめ捉えられていない場合をあげることができる。

たとえば、前の章の「そんなの関係ねぇ！」の事例で、レイコは、どのような身体の動きをすればよいのかがわからず、お笑い芸人の「そんなの関係ねぇ！」の本質を捉えられていなかった。しかし、アオイたちの様子を観察して、自分の身体でもって練習することで、「そんなの関係ねぇ！」の本質を何とか自分のもとへとたぐりよせていた。その結果、レイコは、アオイたちと同じ動きをすることで、感情的な一体感をもつことができたのであった。

しかし、再現の対象となる人や物の本質は、練習で捉えられることばかりではない。次の事例は、一学期のレイコがプリキュアの絵を描く際に不安を強く示した事例である。

年少児　6月

レイコは、6月に入って、アオイやナオと一緒にアリ探しやダンゴムシ探しを楽しんでいることが多い。この日も、朝からアオイとダンゴムシを取りに行っていた。しかし、お弁当を食べ終わると、タカユキがボウケンジャーのお面を作りだしたのをきっかけに、アオイとナオは、プリキュアのお面を作りたいと言い、画用紙にクレヨンでプリキュアを描き始めた。

アオイは「キュアルージュ」と、ナオは「キュアアクア」と言い、赤と青のクレヨンで描き始める。そこへレイコも来て、「レイコもプリキュアのお面作りたい！」、と訴えた。私はアオイとナオと同じように画用紙を渡すが、レイコはクレヨンに手が伸びず、「レイコできない」、と不安な声で言う。「レイコちゃんの好きなように描いていいのよ」と言うが、「レイコ描けない！」と少し強く言い、泣きそうになる。「レイコちゃん、一緒に描いてみよう。何色かな？」と私が言い、隣りに座るが、レイコは落ち着かない様子で、クレヨンを握ろうとはしない。アオイやナオはすぐに描きあがったので、お面にして渡すと、「外行くわよ！」と二人で行き、プリキュアごっこがさっそく始まった。レイコは、「できない」と、泣き始めてしまう。「大丈夫、レイコちゃん、描いてみよう。何色かな？」と言うと、近くにいたアカネが、「私プリキュア持ってるよ！」と言い、ハンカチを取りだし、机に広げた。私は、それを見ながら、「いろいろな色があるね」「この子は髪の毛が長いね」「レイコちゃんはどのプリキュアが好き？」などと横で言うと、アカネはそれぞれのプリキュアについて、いろいろと話し始める。レイコは不安げな様子だったが、ピンクのクレヨンを手に取って、見よう見まねで描き、何とか完成させ、お面にした。しかし、顔は晴れないままで、すぐに片づけの時間になってしまい、「これ、持ち帰る」と言って、家に持ち帰った。

翌日、レイコは、不安げな様子で登園してくるが、プリキュアのお面を持っている。母親からは、「実はプリキュア、観ていないのです」、という話があった。その日、レイコは、プリキュアのお面をずっと持ってはいるが、アオイやナオのプリキュアごっこには参加できず、不安な顔のままであった。

ここでもレイコは、アオイやナオと同じことをして同じ楽しさを共有したい、感情的な一体感を抱きたい、という想いを強く表わし、彼女らと同じようにプリキュアを描こうとしている。しかし、レイコは、プリキュアそのものを知らなかったため、どのように描けばプリキュアになるのかがわからず、不安を強く示している。

対して、ナオとアオイは、プリキュアがどのようなものかをよく知っており、細かいところまで再現されていたわけでは決してないが、それぞれのプリキュアのキャラクターの特徴を再現していた。クレヨンは止まることがなく、プリキュアの身体的特徴を自分なりに絵のなかに次々と表わしていた。

前の章までで明らかにされたことをふまえれば、テレビ番組を通してキュアルージュやキュアアクアの特徴がアオイやナオに浸蝕しており、彼女たちは、これがあればキュアルージュというような、それぞれのキャラクターの本質をあらかじめよく捉えていた。それゆえに、アオイやナオは、そのキャラクターの本質を浮き彫りにして、再現したいキャラクターの存在を確かなものとすることを容易に行なうことができたし、完成したものに対しても満足している様子であった。

しかし、レイコにとっては、本質を浮き彫りにすることはもちろん、プリキュアが何かもよくわからず、プリキュアという未知のものにどのように向き合えばよいのか、どのように描けばよいのかがわからず、非常に不安定な状態に陥ってしまっていた。

では、こうした状態にあるレイコが彼女なりの仕方でプリキュアを描くことは、どのような行為だったのだろうか。次の節では、このことを明らかにすると同時に、アオイの行為と対照することによって、本質を浮き彫りにするとはどのようなことかを具体的に探ってみたい。

第2節　本質の浮き彫りと見よう見まね

前の節で述べたような状態のレイコにできることは、目の前にあるハンカチにプリントされたプリキュアを見よう見まねで描くことであった。このように、再現の対象となるものをよく知らず、「そんなの関係ねぇ！」の時とは異なり、仲間の動きを観察して練習することもできない場合には、文字通りその場で見よう見まねで対応することしかできない。

しかし、この時のレイコは、見よう見まねをすることも非常に難しい状態であった。プリキュアを見よう見まねで描くということは、ハンカチに描かれているプリキュアを見本として、それと同じように真似をして描く、ということである。それは、年少児のレイコにとってはかなり厳しいことであった。

レイコにとって唯一頼りであったのは、ハンカチにプリントされた、カラフルで詳細なアニメ調のプリキュアであった。しかし、ハンカチのそのプリキュアを見本とすることは、自分の描くプリキュアが見本とは違うことを、他の誰でもないレイコ自身に突きつけることにもなる。そのため彼女は、自分の描くものがプリキュアの再現であるという確信がもてなくなり、逆に不安になっていった。

それでも、絵を描くことが嫌いではないレイコは、お面を何とか完成させることができた。しかし、完成させたことに対する満足そうな表情はなく、不安な想いは消えない様子だった。

レイコから不安な想いが消えないままであったのは、見よう見まねでプリキュアを描いたものの、プリキュアの本質を捉えることができた、という確信に至ることができなかったからである。レイコは、プリキュアのキャラクターの色や髪の毛の特徴を彼女なりに表わしてみたものの、それは、見本から外見的な特徴を捉えたにすぎない。再現の対象となっているキャラクターの本質がわからないままであるがゆえに、レイコは、キャラクターの本質を浮き彫りにしたと言えるかどうかの確信もてないままであった。

前の章の「そんなの関係ねぇ！」の事例でも、この章のプリキュアの事例でも、アオイたちは、再現の対象をよく知っており、そのものの本質をよく捉えている。そして、捉えた本質を浮き彫りにすることをいともたやすく行なっている。この事例では、あっというまにプリキュアのお面を完成させ、できあがったものに対しても満足している様子だった。

ここで再度注目したいことは、第1節の冒頭で述べたように、再現の対象となる人や物の本質を浮き彫りにすることは、同時に、ごっこ遊びの本質を実現することでもある、ということである。ままごとで言えば、実際に母親を演じることは、母親の本質を浮き彫りにすることとともなっている、ということである。

この章の事例について時間の流れに沿って探っていけば、前の章の「そんなの関係ねぇ！」のお笑い芸人の真似をする場合と同様、アオイやナオは、プリキュアのテレビ番組を見ている際には、プリキュアのキャラクターの身体活動が自分の身体へと浸蝕している状態にあったはずである。だからこそ、彼女らの場合は、プリキュアの特徴や振る舞いは、身体に刻み込まれており、こうすれば、これさえあればという、それぞれのプリキュアのキャラクターの本質もすでに捉えられている状態であった。

このように、それぞれのキャラクターを実際に絵に描く以前に、そのキャラクターの本質が彼女らへの浸蝕を介して身体に刻み込まれていたからこそ、描くことを通してそのキャラクターを現実のお面として現わすことが容易にできていた。事実、ここでのアオイやナオは、描く手を止めることなく、一気にそれぞれのお面を完成させていた。

しかし、だからといって、アオイやナオがプリキュアを容易に描くことができたのは、すでに獲得しているプリキュアの本質を浮き彫りにするための道筋や完成形が最初から明確になっていたからではないはずである。つまり、アオイたちは、描く道筋を示すようないわゆるマニュアルのようなものの明確なイメージを心のなかで描いていたわけでもなければ、完成形のいわゆる青写真に頼っていたわけでもない。また、キュアルージュやキュアアクアの身体的特徴を一つひとつ順に思いだして描いていたわけでもない。

というのも、アオイやナオたちが止まることなく描き続けられたのは、実際に描くという行為自体が、身体にすでに刻み込まれているプリキュアの本質を現実のものとすることにもなっていたからである。アオイの場合で言えば、再現の対象である、キュアルージュの本質を浮き彫りにすることと、キュアルージュを描くこととが一体化していたからである。言いかえれば、絵を描くという行為そのものが、キュアルージュの本質を浮き彫りにする行為ともなり続けていたからこそ、クレヨンは止まることがなかったのである。

この時のアオイやナオは、自分が実際に絵を描くことで、プリキュアそのものが存在するに至ること、つまり、プリキュアの本質を浮き彫りにすることを楽しんでいる。この楽しさは、第3章の第4節でままごとの事例から探ったような、現実の世界における認識をごっこのなかで子どもたちが自ら実現しながら再認識する楽しさと同様の楽しさでもある。つまり、アオイやナオは、すでに獲得しているプリキュアについての認識を、実際に絵を描くことで自ら実現しながら再認識しているのであり、プリキュアの本質を浮き彫りにすることを楽しんでいる。

しかも、レイコのお面とアオイやナオのお面のどちらが真似の対象であるプリキュアに見た目が近かったかと言えば、できあがったものだけを見れば、レイコのお面の方がプリキュアに明らかに近かった。たとえば、髪の長さや流れ方、服装の装飾品など、具体的な部分の一致度は、レイコの方が明らかに高かった。

しかし、レイコの場合は、先に述べたように、本質を浮き彫りにできたかどうかの確信がもてておらず、プリキュアに対する認識がそもそもないために、再認識の楽しさを感じることもできない。だからこそ、見本との一致度はたとえ高かったとしても、実際に自分で描いたことに対する充実感も得られなかったことになる。

このことからも、見よう見まねをすることと、本質を浮き彫りにすることとは、全く異なったあり方であり、結果としての作品の完成度が問題ではなく、その作品に至るまでの子どもたちの経験を重視しなければならない、といったことが導かれる。

そこで、次の節では、本質を浮き彫りにする過程について、探ることにしたい。

第3節　本質を浮き彫りにする過程

すでに述べたように、本質を浮き彫りにするための道筋や到達点は、あらかじめ決まっているのではなかった。アオイとナオは、自分で実際に絵を描いてプリキュアの本質を浮き彫りにすることを楽しむなかで、到達点が徐々に明確になり、自分なりに完成したことを何の躊躇もなく宣言し、完成したものに満足していた。

アオイやナオにとって、本質を浮き彫りにすることが容易であるのは、先にも述べたように、プリキュアを実際に絵に描く以前に、プリキュアの本質が浸蝕によって彼女らの身体に刻み込まれていたからであった。だからこそ、プリキュアを実際に描く時には、彼女らのなかに潜在的に蓄積されていたプリキュアの本質を実際に実現すればいいだけであり、本質を一から捉え直したり、確認したりする必要はないのであった。

以上のことからすれば、アオイやナオは、それぞれのキャラクターを十分に再現できた、つまり、本質を浮き彫りにすることができた、という想いに対する満足感だけではなく、自分自身の手によって、自分に蓄えられていた描くべき本質を表わすことができたこと、つまり、自分の能力を十分に発揮して絵として表わすことができたことによる充実感もあったはずである。それは、「私にも描けるかな、ほら、やっぱり描けた！」という、プリキュアを上手に描くことができる自分自身に対する喜びでもあり、自信をもつことにもつながっていたはずである。

さらに言えば、本質を浮き彫りにすることができたという満足感は、そこに至るまでの道筋や到達点があらかじめ定まっていないからこそ得られる満足感でもある。あらかじめ道筋や到達点が決められていたとすれば、自分の描いているものや作っているものがそれらからずれはしないか、といったことや、到達点と比べて現在のでき栄えはどうか、といったことを意識しなければならなくなる。他方、本質を浮き彫りにする際には、身体にすでに刻み込まれている本質を、自分の身体活動によって浮き彫りにできているか、ということだけに焦点を絞ればいいのであり、道筋や到達点を意識する必要はなく、そこにこだわる必要はない。

こうした観点からしても、本質を浮き彫りにする過程でたどる道筋や、結果としてもたらされる完成形は、一人ひとりの子どもやそのつどの状況に応じて異なるし、多様である。たとえば、プリキュアの絵を描く際に最も重視されることは、その子どもにとってプリキュアの本質を浮き彫りにすることができているかどうかであり、その道筋や最終的な完成形が描くたびに異なっていたり、仲間の描いたプリキュアと描き方が異なっていたりしても、本質を浮き彫りにできたという感覚が自分のなかにあるならば、満足感を得られる。

たしかに、描いたり作ったりする過程で、本質を浮き彫りにすることができるかどうかという点に意識を集中させることには、少なからず緊張がともなう。だからこそ、子どもたちは真剣に取り組むし、本質を浮き彫りにすることが十分にできた時には、満足感や喜びも大きくなる。

アオイとナオは、幼稚園でお面にしたのは初めてであったが、プリキュアを描いた経験はあったと思われ、非常に気軽に取り組んでいた。どのように描けばプリキュアの本質が浮き彫りになるかについては十分理解しており、明確なマニュアルといったようなものがあるわけではないが、そのつど、道筋や到達点を見つけてそこに向かっていくことは、彼女たちにとってはかなり簡単なことになっていたようであった。さらに言えば、彼女らにとって、プリキュアの本質を浮き彫りにする道筋や到達点は、ある意味でかなりパターン化されたものになっていた可能性は否定できないであろう。

しかし、パターン化されていたとしても、「ほらね、やっぱり描けた」という、パターン通りに描くことによる満足感や充実感はあるはずだ。また、かなりパターン化されている場合でも、本質を浮き彫りにする際の道筋や到達点が揺るぎないものになっているとはかぎらない。だからこそ、この事例ではないが、「ちょっと間違えちゃった」ということがあっても、本質を浮き彫りにできる可能性がすぐに閉ざされることはなく、子どもたちがそこで不安になることはない。間違えてしまった絵は、新たな線や色をつけ加えられることによって、「こうすれば大丈夫」「これはプリキュアが○○した時なの」などと、新たな描き方へとつながるきっかけともなる。つまり、ここでの「間違えちゃった」は、文字通りの「間違えた」ではなく、すなわち、描き損なったのではなく、子どもなりにそこで本質を浮き彫りにする新たな道筋を見出して、工夫したりする可能性へと開いてくれるものでもある。

以上のことからは、対象の本質がどれほど確かなものとして子どもたちに刻み込まれているのか、また、その本質を表わす能力や経験を子どもたちがどれほどもちあわせているのかによって、その本質を浮き彫りにする過程とそこでの経験が異なってくることが、明らかになる。

レイコは、プリキュアを知らず、プリキュアの本質が彼女の身体にそもそも蓄えられていなかったために、道筋や到達点を描くなかで本質を定めることもできず、何が正解で何が間違いなのかもわからなかった。プリキュアの本質が何かがわからない以上、レイコにとっては、見本を手がかりに、到達点である見本と少しでも同じになるように、慎重にクレヨンを動かすことが唯一の道筋となっていた。

たしかに、レイコの行為と、アオイやナオの行為は、プリキュアを描くという点においては、同様である。しかし、この章で探るなかで、レイコの経験とアオイやナオの経験とは全く異なるものであることが、様々な観点から明らかとなった。

子どもたちは、おとなから指示された道筋通りに、描いたり作ったりすることもある。たしかに、あらかじめ定められた道筋通りに行なうことで、見本通りの完成形ができたことによる満足感や達成感もあるだろう。業者によってそれぞれのパーツがすでに作られており、それを指示通りに組み立てれば完成する、といった場合でも、指示通りに行なうことで見本通りの完成形を作ることができた、という満足感や達成感もある程度は生まれるであろう。

しかし、こうした満足感や充実感は、何も定まっていない状態から自分自身によって道筋を現実のものとし、できあがってみて初めて完成形を知るといった、本質を浮き彫りにする際の満足感や達成感とは質が異なる。それゆえ、子どもたちの経験の質も、それぞれの場合に応じて異なっているはずである。

第6章　模倣と真似における指標

子どもや少年の自由な専心没頭の世界は、特に彼らの遊びは、意義深く意味深いのであり、象徴的である。

（Fröbel, II S. 380, 三３２９頁以下）

第４章では、ままごとで母親の模倣をする場合とは異なり、お笑い芸人の真似をする場合には、再現の対象となっているお笑い芸人の想いの再現までには至らず、遊びの展開の可能性がさほど開かれていないことを明らかにした。このことから、再現の対象となる他者や出来事についての経験が多様で豊かであるほど、子どもたちが遊びでその対象の再現を楽しむ場合の展開も多様で豊かになることを明らかにした。つまり、現実の世界における子どもの経験の豊かさと、その経験の再現をめざす遊びにおける展開の可能性の豊かさは対応している、ということを導きだした。

また、第４章と第５章を通して、子どもたちは、真似や模倣によって再現を楽しんでいる時には、再現の対象となる人や物の本質を浮き彫りにしていることを明らかにした。第４章の事例ではお笑い芸人が、第5章の事例ではプリキュアが再現の対象となっており、子どもたちは、お笑い芸人やプリキュアの本質を浮き彫りにしている。

そこで、この章では、お笑い芸人やプリキュアの本質について改めて探ってみたい。というのも、再現の対象となる体験の豊かさや深さの観点からすると、お笑い芸人やプリキュアの本質と、ままごとで再現される母親の本質を同じレベルのものとみなしていいのか、という問いが生じるからである。

まず第1節では、子どもたちが戦隊モノやプリキュアなどの登場人物の真似をしている時、彼らによって真似されているものの存在をどのようにして確かなものとしているかについて、フッサールにおける指標についての記述に基づいて、明らかにする。第2節では、第1節で明らかにされたような機能を果たしている指標と、本物に見立てられている遊具が果たしている象徴との違いについて、探る。第3節では、指標と本質の浮き彫りとの違いについて、探ることにしたい。

第1節　架空の世界の再現と指標

そもそも、戦隊モノのヒーローの本質を浮き彫りにすることを楽しむ場合や、前の章の事例からすれば、プリキュアの本質を浮き彫りにすることを楽しむ場合と、たとえば、ままごとで母親の本質を浮き彫りにすることを楽しむ場合とでは、他者の想いまでをも再現しているかどうか、という点において違いがあるのであった。

たしかに、子どもたちは、テレビのなかの登場人物の動きやセリフの真似をして楽しむ。変身ポーズやセリフの繰り返しにとどまらず、敵を見立てて、攻撃して倒すことを楽しむこともある。しかし、第4章で、ヒーローごっこを引きあいにして明らかにしたように、敵の存在を設定し、それを倒すことをしていても、それは敵に対するヒーローの想いを再現した行為とはみなしがたいのであった。子どもたちは、ヒーローの本質を敵に対する想いに見出しているのではなく、変身して、攻撃して、倒す、といった一連の行為に、そのヒーローの存在が確かなものとされるという点で、本質を見出しているのであり、その再現を楽しんでいる。よって、たとえ敵を設定して戦っているような場合でも、ヒーローの想いまでをも再現している模倣ではなく、戦いにまつわる一連の行為の真似を楽しんでいる、ということを第4章の第4節で導きだした。

子どもたちは、このような真似を通して、テレビのなかの登場人物と同じ動きをすることや、セリフを言うことを楽しむ。しかも、彼らは、こうした楽しみだけにとどまらず、登場人物の生きる世界を遊びの世界として創造し、あたかも自分がその登場人物のような身体能力をもつことができたかのような感覚になることを楽しんでいるのであった。

たとえば、前の章で取りあげたプリキュアのお面づくりの後に、アオイやナオは、お面をつけて、変身の際の決めゼリフと共に変身ポーズを取ったり、「キュアルージュ!」「プリキュアファイブ!」などと繰り返し言いながら走り回ったり、「トゥー!」や「ヤー!」などのかけ声と共に飛び降りたり、キックをしたり、といったことを楽しんでいた。

自分で作ったお面を身につけて、「キュアルージュ!」と言うだけで、アオイはプリキュアの世界を創造し、現実のアオイからキュアルージュに変身していた。変身や必殺技など、特徴的な場面をただ再現するだけではなく、走ったり飛んだりといった身体の動かし方までもが、ふだんのアオイとはどこか異なる走るや跳ぶ、といった動作になっていた。さらには、「行くわよ！」「あっちにコワイナー（＝敵）がいるわ！」「大丈夫よ！」など、ふだんのアオイとは違う言葉遣いでナオと言い合う姿もあった。

これらは、テレビの登場人物になりきる子どもたちに典型的に見られる姿である。プリキュアではなく、戦隊モノのヒーローや仮面ライダーになりきる場合も、変身シーンや戦いのシーンの再現が中心となる。そして、それぞれのキャラクターに固有のセリフを言ったり、変身ポーズや身体の動きを真似たりすることで、自分自身があたかも特別な身体能力をもつことができたかのような感覚を得ている。ここでの子どもたちは、それぞれのキャラクターになりきり、自分ではない、まさしく想像の世界のヒーローやヒロインへと変身しているのである。

それぞれのキャラクターがそなえている変身道具やグッズも重要な要素であり、武器作りにこだわる子どもも多い。たとえば、「キュアアクアの武器はここがこうなってないといけない」「〇〇レンジャーの武器はここにボタンがあるんだよ」などと、武器の特徴の再現にこだわる。

子どもたちは、「〇〇レンジャーはここに剣をさすんだよ！」「それは××レンジャーでしょ！」などと、それぞれのヒーローやヒロインの特徴とその他のヒーローやヒロインの特徴とを明確に区別している。新しいシリーズが始まれば、前のヒーローとは違うことをはっきりと認識しているし、同じシリーズのなかでも、ヒーローやキャラクターの見た目や武器など、それぞれの特徴の違いを認識し、その区別にこだわったりする姿もよく見られる。

子どもたちがこうしたことをかなり正確に認識しているということは、フッサールの言葉を使えば、子どもたちは、○○レンジャーの指標を捉えて、区別している、ということになる。

フッサールによれば、指標とは、Aという存在がBという存在を示している時には、AはBの指標となっている、ということである。たとえば、ある目的地に向かっている時に、その目的地を指し示す矢印に出会うと、私たちは、その矢印が目的地の存在を示している指標である、と認識する。しかし、矢印自体について理解が深まったり、矢印によって存在を示されている目的地についての経験が豊かになったりするわけではない。矢印は目的地の存在を示してはいるが、それ以上の意味をもちあわせてはおらず、矢印の先に目的地があることを認識する以上のことが私たちに生じるわけではない[1]。

ヒーローごっこで言えば、キャラクターや武器、装飾品などの身体的特徴や外見的特徴、キャラクターに固有の色といったものが、指標として、そのヒーローの存在を指し示している。先のプリキュアの例で言えば、キュアルージュは赤色で髪が短いこと、キュアアクアは青色で髪が長いことなどが、キュアルージュやキュアアクアの存在を指し示す指標となっている。さらには、そのキャラクターの変身の仕方や必殺技のだし方などの振る舞いも、指標としての機能を果たしている。

しかし、目的地を指し示す矢印と同様、ヒーローごっこでも、指標自体は、それが○○レンジャーである、といったことを指し示しているだけであり、それ以上の意味をそなえているわけではない。もしもその指標を超えて何らかの意味や機能や特徴が付加されれば、それどころか指標の一部を変えてしまえば、それはもはや指標ではなくなってしまい、その指標によって指し示される当のものの存在は希薄になるか、そもそも存在しなくなってしまう。

たとえば、キュアルージュを水色で表わすならば、それはキュアアクアになってしまうし、金色で表わすと、「プリキュアにはそんな色はない！」、と言われてしまうこともある。ヒーローごっこでも、「なんで○○レンジャーの武器なのに、ここにボタンがないの？」「○○レンジャーは剣を背中にさすんだよ！」、などと指標をめぐって言い合う姿も多く見られる。

以上のことからすれば、指標自体が遊びの展開の可能性を豊かにするわけではない、ということが導かれる。

しかし、子どもたちは、ヒーローごっこなどでは、このような指標にこだわる。それは、次に探るように、指標によって、架空の世界が保たれ、自分たちの遊びが維持されていくからである。

当然ながら、テレビの登場人物は架空の世界におけるキャラクターであり、たとえば、特撮ヒーローの本質とされる、変身して、攻撃して、敵を倒す、といった一連の行為で発揮される能力を実際に再現することは、現実には不可能である。変身スーツが魔法のように自分の身体そのものに実際に現われるわけでもなく、武器からビームが出てくるわけでもない。

だからこそ、再現されるもの、指標によってその存在を確保されるものが、そもそも現実のものではないために、指標の存在に頼る度合いが大きくならざるをえない。その指標がより精巧で、的確に再現されていると子どもたちに認められれば、それだけより一層、その指標が指し示す○○レンジャーの存在も、遊びの世界で確かなものになり、なりきることをより楽しむことができるようになる。

遊びにおける指標が以上で明らかにしたような機能を果たしているならば、一見すると、指標と似たような機能を果たしているように思われてしまう、たとえば、本物に見立てられた遊具は本物を象徴している、と言われる際の象徴とはどのような相違があるのだろうか。次の節では、このことについて探ってみたい。

第2節　指標と象徴の違い

ままごとをしている子どもたちも、母親であれば、母親らしい振る舞いや言動をするし、赤ちゃんであれば赤ちゃんとして、ペットのネコであればネコとして、その役になりきった振る舞いや言動をする。母親役であれば、エプロンを着けることや、料理をするためのキッチン道具が重要になってくる。

このことからすれば、一見すると、テレビのヒーローやヒロインなどになる場合と、ままごとで母親や赤ちゃんなどになる場合とでは、同じことが起こっているように思われるかもしれない。

しかし、ままごとは、実際に日常的に自分の身体でもって経験している現実の世界の再現であるのに対し、ヒーローごっこは、テレビのなかの登場人物を介してでしか経験できない架空の世界の再現であるという、決定的な違いがある。

この違いからすれば、ままごとの場合は、再現されることも現実の世界のことであり、その存在も子どもたちの現実の日常生活のなかで確固として生じていることである。たとえば、母親役の子どもが、「今日のおやつはクッキーですよ！」と言って、積木を差しだすだけで、ままごとの世界のなかで、積木はクッキーとして確かに存在するようになる。このように、積木がクッキーとしてたやすく存在するようになるのは、子どもたちのなかでクッキーという存在が、食べたり、もらったり、欲しがったりといった、実際の日常生活での経験に支えられ、現実によく知られているからである。

こうした意味では、ブロックでもクッキーになりうるし、砂場でのままごとであれば、泥がクッキーともなる。それゆえ、これらの物は、クッキーの存在を指し示す指標としての機能を果たすことなく、子どもたちにとって、日常生活で確かに存在しているクッキーは、積木のクッキーでも、泥のクッキーでも、遊びの世界で確かなものとして存在し続ける。というのは、先に述べたように、指標が変わってしまえば、それによって指し示されるものも変わってしまうか、もはや指標としての機能を果たせなくなるからである。

以上のことからすれば、積木はクッキーの指標ではない。つまり、ここでの積木は本物のクッキーの存在を指し示している指標ではなく、クッキーの象徴であることになる[2]。

積木は象徴であるからこそ、その積木に付与される意味や、象徴されているものとの関係は、かなりの程度で子どもたちの想像に応じて多様に変化していく。つまり、子どもたちの想像力によって関わり方も様々に創造され、豊かになる可能性がある。たとえば、泥のクッキーが、「チョコ味だ！」「ネコちゃんにはおサカナ味のクッキーどうぞ」といった仕方で使われることも、よくある展開として起こる。クッキーを食べ終わった後は、泥や積木に戻ったり、また別のものに変化したりする。

こうした観点からすると、いわゆるままごとセットである、木製やプラスチック製の野菜や果物やサカナなどは、本物の象徴であるとはみなせないことになる。フエルトやビーズを使って、ホイップクリープや果物を再現したケーキなども、同様である。なぜならば、それらの遊具は、リンゴならばリンゴ、サカナならばサカナ、ケーキならばケーキ以上のものに変化する可能性にほとんど開かれていないからである。子どもの想像力によって関わり方が様々に創造される余地がなく、先に述べた泥や積木のように、様々なものの象徴としての役割を果たすことは難しいからである。

以上のことからすれば、ままごとセットや、フエルトで作られた食べ物は、たとえば、リンゴやケーキの象徴ではなく、リンゴやケーキに真似て作られたそれらのいわゆるミニチュアでしかなくなる。

以上で明らかにしたように、遊びにおける指標と象徴とが異なる機能を果たしているならば、指標と、遊びにおける本質の浮き彫りとはどのような違いがあるのだろうか。次の節では、このことについて探ってみたい。

第3節　指標と本質の浮き彫りとの違い

前の節で例としてあげられたようなままごとセットやフエルトの食べ物のミニチュアがあることで、それらによって指し示されている、本物のリンゴやケーキの存在が確かなものとして子どもたちに感じられる、といったことは、しばしばある。年少であればあるほど、こうしたミニチュアによって、遊びが支えられることも多い。しかし、年長になるにしたがって、こうしたミニチュアによって、遊びの展開が逆に規制されることもある。つまり、子どもの想像力が遺憾なく発揮されて創造の世界が深まり、遊びが豊かに展開される可能性が、こうしたミニチュアによって阻止される場合もある。

また、ヒーローごっこで、本物をより容易に指示してくれる精巧な遊具を使うことを喜んだりする場合と同じように、ままごとでも、本物により近い象徴を使うことを喜ぶ子どももいる。たとえば、フェルトや紙粘土などで精巧に作られた遊具に対して、「本物のクッキーみたい！」と喜ぶような場合は、その典型例である。

これも、一見すると、ヒーローごっこの場合と同じように見えるが、ここで、「本物のクッキーみたい！」というのは、ヒーローごっこの場合とは異なり、より精巧な指標によって、クッキーの存在が確固としたものになるからではない。また、クッキーに真似て作られたミニチュアによって、クッキーの存在が確かなものとして感じられ、ままごとが維持されることを喜んでいるわけでもない。

たしかに、ミニチュアのクッキーに対して、「クッキーだ！」、と喜ぶ場合もあるだろう。しかし、こうした喜びとは異なる、「本物のクッキーみたい！」という驚きや感動にも似た喜びが生じる場合は、クッキーの遊具は、もはや単なるミニチュアを超えた存在として、子どもたちによって捉えられていることになる。

つまり、単に本物に似ているということではなく、見た目も可愛らしく、サクサクして甘くておいしい食べ物としてのクッキーの本質が、よりはっきりと浮き彫りにされていることを子どもたちは捉え、こうした本質が見事に浮き彫りにされていることに対する驚きや喜びを感じているのであろう。さらに言えば、見た目の可愛らしさだけではなく、「食べたい！」「おいしそう！」「サクサク！」といったような、現実の世界における本物のクッキーに対する想いや、歯ざわりまでをも再認識しながら再現できることに対する楽しさにもつながっているのであろう。

同様に、ままごとで「ママはそんなことしない！」と言うのも、ヒーローごっこで「〇〇レンジャーの武器はそんなのじゃない！」と言うのと同じ事態に見えながらも、両者のあいだには、豊かさに関して次のような違いがある。

「〇〇レンジャーの武器はそんなのじゃない！」と子どもたちがこだわるのは、先に述べたように、指標である武器がより精巧で正確なものとなることで、その指標によって指示される〇〇レンジャーの存在がより確かなものになり、遊びの世界が維持されていくからであった。

しかし、ままごとでの「ママはそんなことしない！」という言葉は、母親を指し示している指標の不適切さを指摘しているのではなく、母親の本質はそれでは表わすことができない、という指摘である。ここでは、母親の指標が問題になっているのではなく、本質が問題となっている。この言葉は、母親の本質を浮き彫りにすることができていない、さらに言えば、母親の想いを再現することにならない、という事態に対する不満の表明である。

たとえば、母親役の子どもが、ネコ役の子どもとずっとじゃれ合って、母親らしい振る舞いをしないままでいれば、当然、「ママはそんなことしない！」、ということになる。しかし、それだけではなく、たとえ母親役の子どもがエプロンをし、台所に立って料理をし、母親の身体的振る舞いや外見的特徴を再現していたとしても、料理をすることだけに時間を費やしていたら、家族で食べる夕飯を作る母親としての、家族に対する想いや、何のために料理を作るのかといった想いの再現には至らず、「何でずっと料理しているの?」、ひいては、「ママはそんなことしない!」、ということになる。

つまり、ままごとでの「ママはそんなことしない!」という言葉は、母親らしい振る舞いが再現されないことに対する単なる不満ではなく、母親の想いが再現されないことに対する不満でもある。このことからも、「ママはそんなことしない!」という言葉によって、母親の本質を浮き彫りにすることにこだわることと、「○○レンジャーの武器はそんなのじゃない!」と、正確な指標にこだわることとは、全く違った事態であることが明らかとなる。

たしかに、ヒーローごっこでも、ヒーローになった子どもが、力の加減をせずに、思いきり叩いたりするような場合や、遊びに加わっていない子どもに攻撃するような場合には、「ヒーローはそんなことしないよ!」と言って、たしなめることが生じる。

この言葉は、みんなに優しいというヒーローの本質の再現に反する、という批判であり、ヒーローの想いまでをも再現することを求めている。しかし、ヒーローになったつもりになって戦いを楽しんでいる子どもは、変身して、敵を攻撃して、倒すといった一連の行為をヒーローの本質として捉えており、何よりも、その本質を浮き彫りにすることを楽しんでいる。つまり、ヒーローになりきっている子どもは、みんなに対する優しさを再現することに楽しさを見出しているわけではない。だからこそ、「ヒーローはそんなことしないよ!」と言ってたしなめられても、「いいんだよ!」、と自分なりの理屈をつけて、指標となるようなセリフを言い、戦いを続けたりすることが多い。

また、プリキュアになりきっているアオイたちの振る舞いや言葉遣いが変わるように、母親役の子どもも、母親らしい振る舞いや言葉遣いに自然になる。これも、同じことのように見えるが、本質と指標との違いという観点からすれば、その意味は異なっている。つまり、プリキュアという架空の存在を確かなものにするために、プリキュアを指し示す指標として、プリキュアのような口調をし続ける場合とは異なり、自然と母親らしい振る舞いや口調になるのは、現実の世界では自分自身である当の子どもや、現実の自分の父親でもある夫に対する母親の想いを表わすためである。こうした振る舞いや口調は、母親の存在を確かなものにするための母親の指標としてではなく、母親の本質を浮き彫りにすることを楽しむなかで、自然と現れる振る舞いや口調である。

ここまでは、こうすれば、あるいはこれさえあれば、再現したい人や物の存在が確かなものとして、遊んでいる子どもだけではなく、遊びを見ている子どもにとっても共有されるという観点から、遊びにおける本質について探ってきた。

子どもたちは、その人や物の本質を浮き彫りにすることを楽しんでいるのであり、それが最も端的に現われる遊びが、ままごとなどのごっこ遊びである。また、第4章では、プリキュアの本質を浮き彫りにすることができないレイコと、たやすく本質を浮き彫りにしているアオイとナオを対比させながら、本質を浮き彫りにすることについて探ってきた。

こうしたことから、この章のはじめに問いとしてあげた、プリキュアの本質について、遊びの展開の可能性という観点から、改めて探ってみたい。というのは、このことについて探ることによって、遊びにおける本質に独特の機能が際立てられるからである。

指標という観点からすれば、アオイやナオは、それぞれのプリキュアのキャラクターを指し示す指標を捉えているのであった。これらの指標は、プリキュアの本質とは異なるであろうか。

たしかに、赤い色や短い髪は、ある特定のプリキュアの指標である。しかし、その指標を表わすにあたって、指標ではない部分を省略することが生じている。というのは、彼女らが描いたプリキュアのお面には、実際のアニメのような色づかいや詳細な描き込み、全体のバランスまでもがそのまま再現されていたわけではないからである。こうした省略を迷うことなく行なっていたことからも、アオイのなかでは、何がキュアルージュの指標であるかがあらかじめ捉えられていたことが明らかとなる。つまり、アオイが、キュアルージュの指標を次々と表わすことができたのは、プリキュアのことをよく知っており、それぞれのキャラクターの指標をかなり正確に、しかも詳しく認識していたからである。

このことからすれば、ここでの指標は、これさえあれば再現したい人や物の存在が確かなものとなる、という意味では、プリキュアの本質の一部である、とみなすことができる。というのは、プリキュアの本質を浮き彫りにすることが、結果として、プリキュアの指標を指し示すことと同様の事態になっていたことになるからである。ここでの指標は、市販されているような玩具とは異なり、精巧さや的確さはない。しかし、アオイの手によって、プリキュアの本質が浮き彫りにされたものであり、ある特定のプリキュアの指標として存在し、仲間にも認められている。

さらに、指標を捉える子どもたちの力にも注目したい。子どもたちは、「〇〇レンジャーになるためには、これがなければいけない」「〇〇レンジャーと××レンジャーはここが違う」、といったことを明確に捉えている。すでに指摘したように、新しいシリーズが始まれば、前のヒーローとの違いをはっきりと認識し、同じシリーズのなかでも、おとなからすれば、同じように見えてしまうキャラクターによる特徴の違いを捉え、遊びのなかでも区別しているのであった。武器の特徴や変身の仕方などは、おとなよりもかなりよく捉えていることがあり、ここからも、おとなにはない、指標の微妙な差異を的確に捉える知覚能力が子どもたちにはある、ということが明らかになる。

しかし、再現の対象となる体験の多様性や豊かさという観点からすれば、指標は本質と同じような機能を果たしうるであろうか。

たしかに、アオイやナオも、プリキュアにでてくるそれぞれのキャラクターの本質をかなりよく捉えており、その指標を正確に知覚していた。しかし、それは、母親のちょっとした表情の違いや声のトーンに敏感であるような、現実の世界における身近な他者の想いの身体的な現われを鋭く捉えている知覚とは異なる。

本質を浮き彫りにして再現を楽しむ際にも、クッキーを再現する場合とプリキュアの武器を再現する場合、そして、母親の振る舞いを再現する場合とプリキュアの振る舞いを再現する場合とでは、楽しみ方が異なる。たとえば、クッキーを象徴しさえすれば様々なものがクッキーになり、そのクッキーを通してまた別の展開が生まれるなど、前者の場合は、遊びの展開の可能性が広く開かれている。他方、後者の場合、プリキュアの武器は、プリキュアを指し示す指標以上にはならず、遊びの展開の可能性はどうしても制限される。それどころか、時には指標によって展開が拘束されてしまうこともある。もちろん、子どもたちの想像力によって、プリキュアを超えた世界を創造していく可能性は否定できないだろう。たとえば、第4章の第5節で例にあげたように、仮面ライダーごっこで、「仮面ライダーのレストランってことね」「仮面ライダーショーをするから招待状作る！」などと、変身して戦うパターンとは異なった展開になり、遊びが拡がっていくこともあるのであった。よって、プリキュアごっこの展開においても同様の可能性はある。しかし、プリキュアのキャラクターになりながら遊びが拡がったとしても、それは、個々のプリキュアのキャラクターの想いの再現を楽しむことにはなかなかつながらない。

やはり、テレビのなかの架空の世界と、現実の世界では、子どもの体験の多様性や豊かさが異なり、再現の対象となる物や人間の本質の多様性や豊かさも当然ながら異なってくる。だからこそ、遊びの展開の可能性が異なるのと同様に、本質を浮き彫りにする仕方も、ミニチュアの使用で満足するか、あるいは指標として捉えることにとどまるか、それとも想いの再現までに至るのか、といった違いがでてくる。それは、遊びの豊かさや奥深さの違い、とも言えるのではないだろうか。

注

［1］指標（Anzeichen）という言葉は、日常的には馴染みのない言葉であるにもかかわらず、私たちの日常生活のなかでそれとして意識されることなく、多様な仕方でしばしば経験されている、次のような広い意味での印《しるし》を意味する、フッサールの言葉である。

たとえば、不特定の多くの人が利用する駅や大きな建物の中にある矢印は、本文でも例にだされているように、目的地を指し示す印となっている。しかし、指標には、こうしたいわば記号のような印だけではなく、たとえば、「化石化した骨片」が「太古の動物が実際に存在していたこと」の「印（Zeichen）」であったり、「記念碑」がかつてそこで歴史的・文化的な出来事等が生じたことの印であるなど、印としての指標には多様なものが属している（Husserl, 1901, S.25, 35頁）。しかし、それらの指標が果たしている機能は、本文で述べられているように、それによってあるものの存在を指し示している、ということにある。このことをフッサールの言葉で言えば、次のようになる。指標は、「誰かが何らかの対象や事態〔＝印としての指標〕がここにあることについて明確な意識をもっていれば、他の何らかの対象や事態も現に存在していることをその誰かに……指し示してくれる」（ebd., 同所）、と。しかも、指標によるこうした指し示しは、何らかの思考作用や論理操作によってではなく、まさに出口を指し示す矢印の場合がそうであるように、この矢印がそこにある以上、この矢印の存在自体がその建物の出口の存在とあたかも一体となっているかのような仕方での指し示しともなっている。それゆえ、指標による指し示しは、いわゆる前提が帰結を論理的に指し示す場合とは異なり、何らかの「判断作用」を介することなく、「一方の存在についての確信が……他方の存在についての確信」と「一体」となって「体験される」ことになるのである（ebd., 同所）。

それゆえ、本文でも詳しく述べられているように、あるヒーローの存在を指し示すような指標としての武器や色や変身ポーズなどは、それらについて明確な意識をもってさえいれば、それらの存在と一体となって、そのヒーローの存在が、子どもたちにとって何の苦もなく確信されることになるのである。

［2］象徴（symbol）という言葉は、日常的には、抽象的な概念や直接認識できないものや事柄を具体的なものや事柄でもって表現すること、として理解されている。たとえば、「ハトは平和の象徴」とか、「心

のこもった料理は家族に対する作り手の想いの象徴」、といった使われ方をする。こうした日常的な使われ方からすると、本文で使われている、たとえば、「ままごとにおける積木はクッキーの象徴である」といった言い回しは、象徴の日常的な使われ方にはそぐわないことになる。

しかし、この言葉の語源であるギリシア語のsymballeinという動詞は、「対照する」「照らし合わせる」「一緒に持っている」「一致団結している」、といったことを意味している。また、その名詞形であるsymbolonは、お互いに面識のない者同士が相手の身元を確かめるために用いる、いわゆる割符を意味している。

おそらくこうした語源的な観点からであろうが、この本でも理論的な観点として取り入れているフィンクも、遊びによって想像されているものは、「すべてのものの本質を魔術的な仕方で呼び覚まして具体的に指し示す」とし、「人間の遊びは、……世界と生の意味を具体的に指し示すような象徴的な行為である」、としている（Fink, 1957, S. 28, 67頁）。

こうした語源とフィンクの解釈に基づき、この本では、象徴という言葉を、現実に存在している人間や物や出来事の本質を、あたかも割符の一方が他方を照らすかのような仕方で、想像されている遊びの世界やその世界内の人間や物や出来事でもって、浮き彫りにすること、という意味で使うことにしたい。それゆえ、たとえば、ままごとにおける積木や泥がクッキーの象徴であるとみなせるのは、本物のクッキーに代わって、それらの遊具がクッキーの本質を、ごっこ遊びの特徴であるところの、魔術的な仕方で浮き彫りにしているからである。

こうした観点からすれば、遊びにおいて象徴が果たしている機能は、すでに明らかにされた指標とは異なり、子どもの想像力によって象徴されている現実の世界やその世界内の人間や物や出来事の存在を指し示すだけではなく、まさに割符の切断面がそうであるように、象徴されている現実の世界とそれを象徴している想像の世界の豊かさの程度を相互に対応させていることにもなる。

また、本文で直後に補足されることになる、本物のいわゆるミニチュアとしての遊具が、本物の粗雑な模造であるのとは異なり、本物を象徴している積木や泥といった遊具は、その外見からすると、ミニチュアとは比べものにならないほど本物からかけ離れているにもかかわらず、子どもの想像力によって本物の本質を魔術的に浮き彫りにするだけではなく、遊びを豊かに展開させる可能性をも秘めているのである。

第7章　乳児における遊びと現実

家庭では、認識と行為とが常に最も親密に一体となっており、どちらもそれだけでは成立していない〔のであり〕、真の認識が生き生きとした活発な行為へと至り、また行為が再び真の認識へと至る。

（Fröbel, II S.391, 三３４６頁）

前の章までは、主に幼児に焦点を当て、模倣や真似をする子どもたちの事例を基に、子どもたちのあり方の多様性や豊かさについて探ってきた。この章では、改めて、遊びそのものに焦点を当て、遊びの特徴や遊んでいるとされる子どものあり方について、探っていきたい。

乳幼児期の子どもにとって遊びが重要な活動であることは、広く認められている。特に乳児では、生活のすべてが遊びである、と言われることもある。しかし、乳児のあらゆる行為を遊びと名ざすだけでは、乳児の生活の営みのすべてを語りつくすことはできないし、乳児のあり方の豊かさを理解することにはならない。

こうしたことから、第1節では、乳児の行為が遊びとみなされる場合と運動機能の発揮とみなされる場合との違いについて探る。第2節では、乳児の行為が何らかの目的をそなえているか否かが、遊びであるか否かの違いとなっていることを明らかにする。そのうえで、最後の第3節では、食事場面での筆者自身と筆者の娘との関わりの事例に基づき、現実的な日常生活と遊びとの違いと、その移行について探ることにしたい。

第1節　運動機能の発揮と遊び

遊びは、遊ぼうとする意識とは関係なく、いつのまにか遊ぶ者を遊びに巻き込み、夢中にさせる。年少であればあるほど、手洗いやうがいをする際に、本人には遊ぼうという意識がなくとも、いつのまにか水遊びになってしまい、水道の前の床が水浸しになってしまうことがある。歩き始めた一歳児などは、玄関で靴を自分で履こうとしているうちに、靴のマジックテープをつけたりはがしたりすることに夢中になっていることがある。生まれてまもない乳児がメリーを見て喜ぶ姿も、メリーを見たい、メリーで遊びたい、という意識を抱くからではなく、メリーの動きや音楽にはからずも引き込まれているのであろう。

そもそも、遊びの世界で子どもの行為にそなわる意味は、日常生活の場合とは異なる。たとえば、誰かを叩くという行為は、現実の生活では相手に対する怒りであるとか、不満を表わすものとして意味づけられることが多い。他方、戦いごっこが遊びであるかぎり、叩くという行為も、遊びの世界での想像の敵との戦いとみなされ、正当な行為として意味づけられる。このように、遊びの世界における行為の意味や目的は、日常生活での意味や目的とは切り離されており、遊びの結果も、現実の日常生活に影響を与えることはない。こうしたことから、遊びと現実の生活とは不連続なものとして位置づけられる。このことも遊びを遊びたらしめる、かなり重要な契機である。

以上のような、本人の意識とは関係なしにいつのまにか遊びに巻き込まれてしまうことに加え、現実の世界に影響を与えないという遊びの特徴からも、乳児の活動はそのほとんどが遊びではないか、と思われてしまう。というのは、乳児には、現実的な日常生活と遊びの意識的な区別がまだほとんどないために、現実の世界に影響を与えることが乳児自身に自覚されている、とは考えがたいからである。

このことについて、乳児の食べる行為に焦点を当てて、探ってみたい。

空腹が満たされてくると、食べ物をこねたり、わざと落としたり、口に入れたコップの水をブーッと吐き出したりすることは、離乳食に慣れてきた頃の乳児にとっては日常茶飯事である。その際、子どもは、その後に着替えや掃除が大変になるなどの、日常生活への影響といったことを考えていないだろう。現実生活を営むうえで空腹を満たすことの必要性や、ましてや、栄養バランスに偏りなく食べることの重要性を理解することは、乳児にとっては不可能である。また、何度も繰り返されることからも、こうした活動も遊びである、とみなすことができる。

離乳食に慣れない頃には、フキンを口に含んだり、スプーンを払いのけたり投げたりする、といったこともある。このような行為は、探索行動として発達心理学では説明されることも多いようである。探索行動とは、乳児が新しく出会った対象についての情報を収集するために、見る、聞く、触る、いじくるなどの活動を行なうことである。すると、乳児の食事場面での以上のような行為は、探索行動の延長ではなく、遊びとみなした方が適切な場合もかなりある。

このことを、スプーンを投げることを繰り返す場合で探ってみたい。

スプーンを投げることが情報を収集するという探索行動であれば、投げてみてどうなったかがわかり、スプーンに対する関わり方がその後変化するはずである。しかし、同じような仕方で何度も繰り返すならば、ボールなどの遊具と同様、スプーンが投げられるものとして意味づけられ、子どもに遊ばれている、とみなせる。その際に、笑顔になったり笑ったりすることがあれば、探索行動における真剣な様子と対比することによって、この行為は遊びとみなさざるをえなくなる。フキンを口にする場合も、フキンが食べられないということがわかったらやめるはずであるが、それを続ける場合には、噛み心地や噛んだ時の母親の対応などを楽しんでいる遊びとみなされることになる。

以上のことからすると、スプーンは投げられる遊具となりうるのと同じように、口の中に入れられる遊具、口の中に何かを運ぶ遊具ともなっている可能性がある。スプーンを口の中に入れることは、一見すると食事場面では適切な行為であり、現実の日常生活の一行為である食事のための行為としてありふれた光景であり、遊びではない、と思われる。しかし、スプーンでごはんをすくうこと自体が楽しくなっていたり、口の中に運ぶ行為自体がおもしろくなっていたりすることもあるだろう。うまくすくえず、何ものっていないスプーンを嬉しそうに口の中に繰り返し運んでいる場合などは、現実の食事に影響があるかどうかという問題ではなくなっており、スプーンを口の中に運ぶこと自体が遊びになっている。

さらに言えば、より月齢の低い乳児にとっては、スプーンもボールも投げられる遊具となりうるのと同じように、口の中に入れられるものすべてが、口の中に入れられる遊具となりうる。だからこそ、周囲のおとなは、現実生活の問題として、誤飲に注意しなければならないが、乳児にとっては現実生活への影響などは考えておらず、何でも口の中に入れてみるという、遊びであることになる。こうした意味では、離乳食の初期段階では、それが食べられるものであろうと、食べられないものであろうと、おとなが食べてほしいものであろうと、食べてほしくないものであろうと、何かを口にすること自体が遊びとなっている場合がかなりある。

以上のことからすれば、寝返り、ハイハイ、つかまり立ち、つたい歩き、といった乳児の行動も、現実の世界における移動手段である運動機能の発揮とみなせるだけではなく、遊びとみなしうるはずである。寝返りであれば、その先にあるボールを取ろうとするために行なう場合と、寝返り自体を繰り返す場合とでは、意味が異なってくる。寝返りをしたての乳児にとっては、全身を使って身体の向きを自分で変えられる感覚や、それにともなう視界の変化は、それまでの世界が大きく変わる出来事となる。母親がいるから近くへ行きたい、ボールが欲しいなどといった、寝返りをすること以上の何らかの目的がないまま、寝返りをただ繰り返すこともある。こうした場合の寝返りは、寝返りをすることで得られる運動感覚と世界の現われの変化を楽しんでいる遊び、とみなさざるをえなくなる。

つかまり立ちにしても、繰り返し行なわれれば、その先にある何かに手を伸ばしたいのではなく、立ちあがる際の自分の運動感覚と、それまでとは全く異なる視界の変化に楽しさを感じるためになされていることになる。だからこそ、おとなが、「これが欲しいの？」などと、いろいろと考えをめぐらせて、何かを渡したり、手を差し伸べたりすることに対して、興味を示さなかったりすることがしばしばある。一歳を過ぎて自力で歩けるようになると、部屋の中でも靴を履きたがることもよく見られるが、靴を履くこと自体がおもしろかったり、靴を履いて歩くことの身体感覚がおもしろかったり、という場合もある。

こうしたことから、次の節では、乳児の行為が何らかの目的をもっているか否かが、遊びであるか否かの違いとなっている、ということを明らかにしたい。

第2節　繰り返しにおける目的の有無

ここまでは、現実の生活上の営みとしてみなされがちである食事や移動といった活動も、乳児にとっては遊びとなっている場合について述べてきた。しかし、このこととは逆の場合もある。たとえば、乳児がおすわりをして、ガラガラといった音の鳴る遊具を振って楽しんでいる姿はよく見られる。しかし、これを単純に遊びとみなしていいかどうかは、議論の余地がある。たとえば、この活動は、何か新しいものを見つけて振ってみた、という探索行動とみなせるかもしれないからである。だが、何回も繰り返してそれを振り続けるのであれば、やはり、遊びとみなすことが適切であろう。

乳児の活動について探るうえで重要な観点となるのが、遊びは繰り返される、ということである。遊びについての古典とも言えるホイジンガの『ホモ・ルーデンス』にも、「反復の可能性は遊戯の最も本質的な特性の一つである」[1]、という記述がある。スプーンを投げる場合でも、一回のことであれば、探索行動の延長や、感情の何らかの発露であろうが、何回も繰り返されると、遊びとみなすべきである。

しかし、繰り返されれば、すべての行為が遊びになるわけではない。たとえば、ハイハイをしてつかまり立ちができるようになったが、そこからおすわりにはまだ自分で戻れない乳児の場合、つかまり立ちで疲れて戻れなくなった子どもを母親が抱きかかえておすわりに戻す、ということがしばしばある。すると、子どもはまた同じようにハイハイをしてつかまり立ちをしようとする。この場合には、つかまり立ちをすることで上にある何かを手にしたいということが、繰り返されている。つまり、物を手にするという現実の目的を遂行するための手段としてのつかまり立ちが繰り返されていることになる。それゆえ、上にある何かを手に取るという目的が達成されれば、この繰り返しは終わってしまい、遊びとはみなせなくなる。すると、目的の有無が、遊びであるかどうかの判断基準となる、ということが導かれる。

しかし、ここで注意しておきたいのは、遊びにおいても、めざされる目的のようなものがないわけではない、ということである。

鬼ごっこであれば、鬼の子どもは鬼でない子どもをつかまえようとするし、鬼でない子どもは鬼から逃げようとする。それゆえ、これらの行為は、鬼ごっこの目的とみなせる。しかし、現実の世界での目的とは異なり、遊びでは、この目的が達成されたことでこれらの行為が終わるわけではなく、たえず繰り返される。つまり、現実の生活での目的とは異なり、遊びでは、目的を達成することが最終目標としてめざされているわけではないし、目的を達成したことによって、現実の生活に何らかの影響が生じるわけでもない。

トランプ遊びでも、複数で行なおうと一人で行なおうと、勝負に勝つことや、得点をあげていくことなどがめざされる。しかし、遊びとしてのトランプは、おとなの賭け事とは異なり、目的を達成できたらからといって、その後の現実の生活に大きな影響を与えるわけではないし、勝ったり、うまくできたりしたことへの喜びや達成感と共に遊びが終わるというよりも、「またやろう」「もう1回！」、と繰り返されていく。ただし、その繰り返しの過程で、いつも同じ人が勝ったり、いつも思い通りになったり、常にうまくいかないと、しだいにつまらなくなり、遊びの楽しさはなくなってしまう。鬼ごっこでも、いつも鬼でもつまらないし、つかまるかどうかといった多少のリスクがないと楽しくならないのと同じように、トランプでも、繰り返し遊ばれるなかで、勝ち負けが適度に分散されないと、おもしろくなくなってくる。

以上のことからは、目的の達成が遊びの最終目標とされているわけではない、ということが明らかとなる。

先のハイハイからつかまり立ちを繰り返す乳児の例で言えば、子どもが上にある何かを手にしたいという目的を達成しようとする場合は、探索行動であり、遊びではない。この場合は、つかまり立ちからおすわりへと戻すおとなの行為は、子どもの目的の達成を阻止するものとなる。そのため、子どもは、何とかして目的を達成しようと、ハイハイとつかまり立ちを繰り返すことになる。そして、その物を手にすることができれば、繰り返しは終わってしまう。

他方、ハイハイからつかまり立ちの繰り返しが遊びである場合には、目的の達成がめざされているのではなく、子どもは一連の動きの繰り返しを楽しんでいることになる。よって、つかまり立ちからおすわりへと戻すおとなの行為自体が、子どもが繰り返しを楽しめる状況を生みだしていることになる。

すると、子どもをつかまり立ちからおすわりへと戻すというおとなの行為は、探索行動の場合は、子どもの目的の達成を阻止するものとして意味づけられる。他方、遊びの場合は、子どもの遊びの世界を成り立たせ、遊びの繰り返しを支えるものとして意味づけられることになる。

こうしたことから、次の節では、食事場面における筆者自身と筆者の娘との関わりの事例に基づき、現実的な日常生活と遊びの違いと、成長にともなうこの区別と移行について、探ることにしたい。

第3節　遊びと現実的な日常生活

先に述べたように、乳児には、現実的な日常生活と遊びの世界との意識的な区別がまだほとんどなく、そのため乳児は、現実の世界に影響を与えるといった感覚自体を携えているわけではなかった。しかし、探索行動や養育者を中心としたおとなとの関わりの積み重ねによって、その区別についての意識もしだいに芽生えてくる。

たとえば、ハイハイからつかまり立ちを探索行動として繰り返し行なっている子どもは、つかまり立ちをすれば、上にある物に手が届くことがわかり、あの遊具で遊びたい、あのビスケットを食べたい、といった目的を達成しようとする。つまり、自分の行為が、何らかの形で現実の日常生活に影響を与える、といったことがわかってくる。

食事場面で言えば、一歳を過ぎると、食事の時間に行なうべきことがわかってきて、手を拭いたり、食卓の椅子に自分から座ろうとしたり、自分から「いただきます」をする姿も見られるようになってくる。一歳半ばくらいには、スプーンやフォークの扱いやコップからお茶や牛乳を飲むこともかなり上手になり、食事の時間とそうではない時間の区別も少しずつわかってくるようになる。しかし、椅子から立ちあがって戻されることが楽しくなったり、食べ物をこねくり回してしまったり、他のことに気を取られて食べようとしないことも続く時期であり、遊びへと移行してしまうこともよくある。

こうした場面で、おとなが子どものあり方をどのように理解し、どのように関わるかについては、子育て中の養育者にとっては、大きな関心事となっているだろう。

特に食事場面は、いわゆる「しつけ」の場となることも多く、「今は食べる時間だから遊んでないで」などと言ったり、「立って食べないよ」や、「ぐちゃぐちゃしないよ」と伝えたり、時には、「何でお茶こぼすの！」、と叱ったりもする。このように、おとなは子どもの行為に対して、禁止したり、咎めたり、別の行為を促したりなど、様々な言葉をかけたり、働きかけをする。しかし、子どものこれらの行為は、たとえば公園で遊ぶことが期待されている場面では、おとなにむしろ促され、褒められる行為であることも多い。

たとえば、高いところに登って立ちあがる子どもに、「高いところでタッチすごいね！」と褒めたり、砂場で砂と水を混ぜて遊んでいる子どもに対して、「ぐちゃぐちゃ楽しいね」や、「上手にジャーできたね」、と声をかけたりすることがある。このように、子どもの遊んでいる行為に対して、おとながその行為を遊びとして認める場合と認めない場合とでは、子どもの行為が同じであっても、おとなの対応は全く異なるものになる。

そもそも、親に「食べる時間だから遊んでいないで」と言われた子どもは、食べていないからといって、遊んでいるとはかぎらないことは、これまでに明らかにした通りである。

こうした、いわばおとなの誤解も含めて、おとなの様々な対応を子どもたちは経験している。こうした経験の積み重ねによって、自分の行為が他者によってどのようにみなされているのかに気づくようになり、現実的な日常生活と遊びの区別を自分でも徐々に意識できるようになっていくのであろう。

こうした区別を意識し始めている子どものあり方を探るため、食事における子どもと親のやりとりとして、一歳半の女児と筆者自身のある日の夕食の事例を紹介したい。

一歳半　2月

夕飯の準備を整えたため、テレビを見ている娘に、「ハナちゃん、ごはんできたよ」、と呼びかける。ハナは、私の声に気づき、テレビの前から食卓に移動し、自分で子ども用の高い椅子に登ろうとする。座り終わったハナは、「ダーネー」などと言いながら、手を合わせていただきますをする。献立は、納野菜入りのオムレツである。はじめに、野菜入りのオムレツが入った皿を勧めるが、「ン！」と手で押しのけ、納豆ごはんを引き寄せ、自分でスプーンを使って食べ始める。半分以上納豆ごはんを食べると、カジキの入った皿を見る。「ほら、おサカナさんだよ」と私が言い、スプーンで小さく切ると、小さい切り身を手でつかみ、久しぶりのカジキだったせいか、慎重に口に入れる。私が、「どう？　おいしいでしょ」と言うと、ハナは「オイチー！」と言い、大きな口を開けて、手でつまんでパクパクと食べ始める。

カジキがほとんどなくなったところで、食卓の上に置いたままになっていたポケットティッシュに手を伸ばし、一枚取りだして、「バッチィ」と言いながら、自分の手を拭く。私は「キレイになったね」、と拭いたティッシュを取ろうとすると、身体をひねって取られまいとし、ふくれた顔で「ハーちゃんの！」、と言う。さらに、ティッシュをもう一枚取りだし、「ハイ」、と私に渡す。「ありがとう」と受け取ると、嬉しそうにもう一枚取りだし、「ハイ」、と今度は夫に渡す。私は「もうティッシュ、ナイナイ！　ごはんさん食べて！」と言うと、ハナは、思いだしたようにごはんを再び食べ始める。

また少しすると、ついたままになっていたテレビで天気予報が始まり、天気予報にでてくるキャラクターを指さして、「ア！　チャイチャイネー！」、などと言う。天気予報が終わり、私に促されてまた食べ始め、納豆ごはんとカジキを完食すると、「ラッコ（＝抱っこ）」、ラッコ！」、と私に向けて手を伸ばしてくる。

私が、「まだトマトさんとオムレツさん食べてないよ！」と言うと、「ナイナイ！」と言って首をふり、「ラッコー！」、と抱っこを強く求める。私が、「わかった、じゃあ牛乳さん飲む？」と言うと、ウンウンとうなずく。私が冷蔵庫の方へ牛乳を取りに行くと、椅子の上へ立ちあがり、「ママー！」、と笑顔で手を振る。夫が、「立たないよ！」と言うが、立ったまま、椅子の上で足踏みを始める。私は、急いで食卓へ戻り、「おすわりしないと、牛乳さん飲めないよ！」と少し強く言うと、笑顔のまま、座り直す。

牛乳の入ったコップを渡すと、一気に口に入れすぎたのか、むせて口から牛乳が出てきてしまう。私が、「大丈夫？ ベチョベチョになっちゃったね」と言い、服とテーブルの上を拭くと、「べチョべチョー」、と楽しそうに言う。さらに、「ラッコー」と言うので、私の膝の上に座らせる形になり、牛乳の入ったコップを渡すと、今度は口の中の牛乳をわざと出す。私が「ハナちゃん！ ママの服もベチョベチョ！」と言うと、「フフー」と笑っている。私が「牛乳さんブーしない！ もうナイナイ！」とコップを取りあげ、床にハナを降ろす。私は怒った表情で「もうブーしないよ」と言うと、ハナも口を尖らせ、少しうつむき、私の顔を見る。「ママにゴメンネは？」と夫が言うと、ふくれた顔をしながら、私の頭をなでる。

この事例の一歳半になった娘は、食事の時間が遊びの時間とは違うものであることは、少しずつわかってきているが、現実的な日常生活と遊びの区別を明確に意識できているわけではない。娘は、ティッシュやテレビという周りの環境に誘われて遊びだしたり、筆者が牛乳を取りに行くのを見ようとして椅子の上に立つ、むせて牛乳が口から出てしまう、といった偶然の出来事をきっかけとして、遊びだしたりしていた。

とはいえ、遊びとの境目がほとんどない状態の離乳食初期と比べると、遊びと食事とのあいだに生活するうえで区別があること、区別しなければならないことはそれとなくわかってきている。また、筆者や夫とのやりとりからも窺えるように、椅子の上に立つことは楽しいが親からは認められないことであり、飲みたい牛乳ももらえないということ、牛乳を口から出すことは楽しいがこれもどうやら認められるものではなく、むしろ叱られることだということが、感じられるようになってきている。

つまり、幼児になるにあたって、先に乳児期の特徴としてあげた、現実的な日常生活と遊びの区別がほとんどない状態から、その区別が少しずつわかる状態へと、子どものあり方が変容している。この変容と同時に、子どもは、自分の行為が何らかの形で現実の世界の他者や出来事に影響を与えるといった、乳児期にはなかった感覚を抱くようになってくる。だからこそ、遊びと現実的な生活との不連続性を自分自身でそれとなく感じられるようになり、遊びから分化する仕方で、遊びではない、日常生活のなかの営みとしての行為が子どもにとって可能となってくるのだろう。

こうした変容は、周囲のおとなからの様々な働きかけの繰り返しにも支えられている。食事場面で言うならば、おとなと共に食卓を囲み、やりとりをする経験を通して、食事のマナーだけではなく、おいしいもの、好きなもの、食べたいものが増え、食べられるもの、食べられないものも区別されるようになる。そして、しだいに、食事場面は現実の生活の一場面として捉えられるようになるだけではなく、遊びとは違った楽しさを感じられる時間と空間として、子どもたちに位置づけられていくのではないだろうか。

注

［1］ホイジンガ，26頁

第8章　制作における創造力

子どもや少年の遊びや専心没頭や活動……は、……人間の本質と人間精神の直接的な要求から発現し、直接それらと関係する。

(Fröbel, II S. 380, 三330頁)

前の章では、乳児期の子どもに焦点を当て、ハイハイからつかまり立ちをする場合や、食事の場合を例にあげながら、現実的な日常生活の営みと遊びとのあいだでかなり微妙なあり方をしている、乳児のあり方を探った。そして、幼児になるにつれて、遊びではない現実的な日常生活の営みと遊びとの区別が子ども自身に明確に意識され、自分の行為が何かしらの形で現実の世界に影響を与えることも意識されるようになることを、明らかにした。

たとえば、幼稚園や保育所で登園後に朝の支度として、コップとタオルをだして手洗いやうがいをしたり、スモックに着替えたり、といった一連の行為は、年長にもなれば、ほとんどの子どもが日常生活の一部として支障なく行なうようになる。靴を履き替えて外に行くことも当たり前の活動として行なう子どもがほとんどである。それは、手洗いやうがいをしてスモックに着替えないと遊び始めることができないことや、靴を履き替えないと園庭や園外に行ってはいけないことがわかっているからである。つまり、朝の支度をすることや、園庭に出る際に靴を履き替えることは、遊びとは異なる行為であるという区別がなされており、それをしないと現実の生活に何かしらの影響を与えてしまうこともわかっているからである。

このように、子どもたちは、現実的な日常生活から遊びの世界へ、そしてまた現実的な日常生活へと行きつ戻りつするのであり、遊びの世界の「入りと出」は、現実の日常生活の一部に組み込まれるようになってくる。だからこそ、年長になるにしたがって、「今日はこれをして遊びたい」、という意識もはっきり抱くようになり、「今日は誕生会であまり遊べないから」と言って、遊びを工夫したり、片づけの時間になると自分で遊びに区切りをつけられるようにもなってくる。

保育者から指示された課題や遊びをする場合や、行事の練習など、生活習慣に関わる行為ではないものの、いわゆる自発的な遊びとは異なる子どもの活動は、保育現場で多く見られる。このような場面で、「これが終わったら遊んでいい?」「今日は全然遊べなかった」、といった言葉が子どもたちから聞かれることからも、子どもたちは遊びとこうした活動とを区別している、ということが明らかになる。

そうであるかぎり、子どもたちは、おとなが思っている以上に日常生活での様々な行為を遊びと区別していると同時に、そのつど遊びと現実とのあいだを行き来しながら、かなり多様なあり方をしていることになる。子どものこうしたあり方をより詳しく探るため、この章では、行事の準備として制作に取り組んでいる、年長児の事例を取りあげたい。

第1節では、現実の生活への影響や制作の完成が意識される活動として、タクシーを作る作業をしている子どもたちの事例を取りあげ、この時の活動は遊びではないことをまず明らかにする。第2節では、この章までは模倣の対象が人間であったのとは異なり、模倣の対象が物である場合における子どもたちのあり方に迫る。そのうえで第3節では、物の本質を浮き彫りにするために発揮される子どもたちの創造力の豊かさについて探りたい。

第1節　現実への影響と完成への意識

まず、この章で探ることになる事例をあげておきたい。

年長児　11月

年長クラスは、翌週に行なう「遊園地」の準備をしている。「遊園地」とは、幼稚園で行なう行事で、ある遊園地に遠足に行った後、自分たちの幼稚園でも遊園地をすることを保育者たちが呼びかけ、地域の人や年少児をお客さんとして招待するものである。

ユウタ、タカヒロ、ケンタロウ、ナオトらは、乗り物を作るグループで相談をして、タクシーを作ることに決定しており、青い車体の部分はほぼできている。乗り物は、大型の段ボールを切ったものを組み合わせて作られており、おとなも実際に乗り込めるほどの大きさであった。運転席や助手席も再現されており、ドアも自分たちで開閉できるようになっていた。登園後しばらくして、担任保育者から11時を目標に完成させようとの話があり、子どもたちはそれぞれのグループに分かれる。

ユウタはタカヒロと段ボールでハンドルを作ろうとし、カッターで段ボールを丸く切ろうとしている。ドーナツ状に丸く切られた段ボールをユウタは満足そうに見つめ、「ブーメラン！」と言って、タカヒロに飛ばす。タカヒロは、「ブーメランじゃなくてハンドルだろ！」と言いつつ、ユウタに投げ返す。少しの時間投げ合いが続く。それを見たケンタロウは、「時間ねーだろ！　時間考えてるのかよ！」と少し怒って言いつつも、二人の様子を見て、少し楽しそうな顔になる。しかし、「お前らは遊んでるのかー！」と言い、ナンバープレート作りに戻る。

ユウタは、「時間なくなっちゃう！」と言い、タカヒロも、「ユウタ、これどうやって車につける？」と、段ボールのハンドルについて相談し始める。ユウタは、ドーナツ状の段ボール（＝ハンドル）を見つめながら、「これ、貼ったら動かないよね」と言うと、タカヒロは、「お前、ハンドルの作り方わかるって言ったじゃんか！」、と少し責めるように言う。ユウタは「わかるよ！　ちょっと待って」と言い、別の段ボールを切って、ドーナツの中心に十字に貼る。

それを見ていたタカヒロは、「わかった！」と言い、材料箱からラップの芯を持ってくる。ユウタも「いいねぇ」と嬉しそうに言い、二人でハンドルの中心部と芯をガムテープで貼りつける。タカヒロが、「これで、運転席にくっつければいいんじゃない？」と言い、二人で車体の中に入り、ガムテープでハンドルをつける。

ユウタは、ハンドルを握って動かそうとするものの、「動かないよ」、とタカヒロに言う。タカヒロは、「うーん。いいんじゃない?」と言うが、ユウタは、「えー。動いた方がいいじゃん」、と不満そうに言う。タカヒロは、「どうやってやるんだよ。動かしたら取れちゃうじゃん」と言い、ハンドルを無理やり動かそうとしたため、取れてしまう。

その後、二人は、車体部分の段ボールに穴をあけてみようか、ひもが使えないかなどと言い合うが、いい案が思いつかない。ユウタが、「先生に聞きに行こう!」と言いだし、二人でハンドルを持って保育者のところに行く。

しばらくして、ユウタは、「わかった、わかった!」と言いながら、走って戻ってくる。二人は、持って帰ってきたラップの芯より細くて短い棒をハンドルに取りつけ、ラップの芯を車体側につけて、ハンドルの棒を芯に入れる。完成したハンドルを持ったユウタは、「動くー!」と嬉しそうに言い、タカヒロも「すげぇ、すげぇ! 俺にもやらせて」と言い、二人とも興奮した様子で、運転席に座ってハンドルを動かす。

タカヒロは、「おいケンタロウ! これ動くぞ!」と言い、車のナンバープレートを黙々と作っていたケンタロウを呼ぶ。ケンタロウも、「すげー!」と言いながら、嬉しそうにハンドルを動かす。ユウタとタカヒロは、満足げな様子である。

この事例にあるように、クラスの子どもたちみんなで一つの目標に向かって、時間をかけて何かを作るといったことは、年長でよくある。行事と結びつけて取り組まれることも多く、何をどのようにいつまでに作るのか、完成形や締切りや完成に至るまでの方法が保育者から示されることも少なくない。

では、この事例における、乗り物を作るという一連の行為は遊びだろうか。

ごっこ遊びに代表されるように、現実を何かしらの形で象徴していることは遊びの特徴の一つであり、ユウタたちが作っている乗り物は、現実のタクシーを象徴している。また、「遊園地」という行事自体が、現実の遊園地の象徴となっている。

しかし、この事例でめざされていることは、現実の世界で行事として行なわれる「遊園地」のアトラクションの一つとしての乗り物のタクシーを作る、という限定された状況のもとで、時間までにタクシーを完成させることである。この目的が達成されない場合は、行事にまにあわなくなってしまうという、現実の生活に明らかに影響を与える事態となってしまう。このことからすれば、遊びの目的は遊びの世界内で完結しており、目的の達成如何が現実の生活に影響を及ぼさない、という遊びにそなわる顕著な特徴からしても、この事例の乗り物作りを遊びとみなしてしまうことは、あまりにも早計であろう。

また、この事例の年長児たちは、現実の日常生活のなかの行事である「遊園地」の準備をする、という明確な目的を共通してもっており、この日はいつまでにどこまでしなければならない、そうしなければ翌週の「遊園地」にまにあわない、ということは保育者の話から理解していることは明らかである。

ただし、この事例で、ユウタとタカヒロが「ブーメラン！」と、ドーナツ状の段ボールを投げ合っているのは、遊びである。ドーナツ型に切られた段ボールは、その形から、ブーメランという新しい意味が付与され、ブーメランを象徴するものとして、ユウタとタカヒロとのあいだでは投げる遊具に変わっていた。その段ボールは、もともとハンドルを象徴すべきものであって、ユウタもタカヒロもそれはわかっていた。ユウタはタクシー作りをしたくないわけではなく、タクシーを完成させなければならない、とわかっていながらも、段ボールの形の魅力にはからずも誘われて、思わず身体が動きだしたのであろう。投げられたタカヒロも、「ブーメランじゃなくてハンドルだろ！」と言いつつも、身体を動かすことが楽しくなり、二人でしばらくブーメランを飛ばし合っていた。

本人の意識とは関係なく、いつのまにか遊びに巻き込まれてしまうことは、遊びの特徴でもあり、ここに遊びとしての軽やかさを見て取ることもできる。ユウタとタカヒロも、一時ではあるが、自分の行為が現実の世界に影響を及ぼす、といった意識から解放されていた。

その様子を見ていたケンタロウは、「お前らは遊んでるのかー！」、と言っている。この言葉からは、「自分は遊んでいない」ということも読み取れる。

ケンタロウに指摘されたユウタとタカヒロは、再びタクシー作りに戻るが、ユウタは時計を見て、「時間なくなっちゃう！」、と言っている。現実の生活における目的の達成に期限があるということは、現実の時間を意識せざるをえなくなる、ということである。ユウタは、遊びの世界から現実の世界へと引き戻され、現実の時間を意識すると同時に、自分の行為が現実の日常生活に影響を及ぼすことを再度意識し、焦っている。そのため、ブーメランではなく、ハンドルとして段ボールを再度意味づけ、タクシーの完成へ向けて、ハンドル作りに再び取りかかり始める。

以上で述べたように、現実の生活への影響が意識される活動や、何かをいつまでに完成させねばならないという明確な達成目標が意識される活動は、いわゆる自発的な遊びとされる子どもの行為とは、あらゆる観点において異なっている。現実を象徴しているという観点からすれば、一見すると、ごっこ遊びの延長であるとみなせるかもしれないが、第3章で取りあげたままごとの事例での子どもたちとは全く異なるあり方をしていることが、明らかになる。

では、タクシーを完成させるという目標の達成のために、制作に取り組んでいるこの事例での子どもたちは、遊びとは全く異なるあり方をしている、とみなしていいだろうか。

ここで、現実を何かしらの形で象徴している、という遊びの特徴に再度注目しながら、ハンドル作りをしている子どもたちのあり方について、さらに探ってみたい。

この事例で、ユウタたちが作っていたタクシーは、現実のタクシーや現実の遊園地の乗り物としてのタクシーの象徴である。象徴している、ということは、現実のタクシーのそっくりそのままの再現をしていることではなく、何かしらの省略をする必要がある、ということである。このことから、ユウタたちは本物のタクシーを模倣している、ということが導かれる。

では、この時の子どもたちによってなされている模倣とは、どのようなことだろうか。

第2節　物の模倣の特徴

第3章から第6章までは模倣について探ってきたが、母親やテレビ番組のヒーローなど、模倣の対象が人である事例が中心であった。ここでは、人ではなく、物を模倣の対象とする場合について探ってみたい。というのは、この事例のユウタたちは、物であるタクシーを模倣しているからである。

これまでにも繰り返し述べてきたように、模倣では、その対象となる他者や物の本質を浮き彫りにすることが求められる。ままごとで母親を模倣するならば、母親に典型的な振る舞いや口調、母親の想いなど、母親の本質を的確に捉えて再現している場合には、遊びの世界で母親が存在することになり、母親の本質を浮き彫りにしていることになる。

では、物の本質を浮き彫りにする際には、どのようなことが生じているのだろうか。

男児が、何も装飾がなされていない牛乳パックを手に持って、それを動かして楽しむ、といったことはよくある。この場合、男児にとっての牛乳パックは電車であり、電車ごっこを楽しんでいる。ここでは、自分の手で電車を動かしたり止めたりすることを通して、あたかも運転手であるかのように、走ったり止まったりする電車の本質を浮き彫りにすることを楽しんでいる。

ブロックで立方体を作り、さらに丸いドーナツ型のブロックを正面につけ、ブロックを覗き込み、シャッターを押すしぐさをして楽しむ子どもの姿もよくある。この場合、子どもはカメラの模倣として、ブロックを見立てている。正面に取りつけられた丸いドーナツ型のブロックは、レンズである。ただし、実際にファインダーがあるわけではなく、シャッターも再現されているわけではない。しかし、子どもたちは片目をぎゅっと閉じ、顔にブロックを押し当てて覗き込み、「ハイチーズ！」と言いながら、シャッターを押すしぐさを繰り返し楽しんでいる。ここでも、カメラにはレンズがなければならない、というカメラの本質を捉え、ブロックでその本質を再現することを通し、写真を撮る行為を模倣している。さらに、写真を撮るためには、カメラのファインダーを覗いてシャッターを押さなければならないという、写真を撮ることの本質を捉えて、模倣している。

しかし、牛乳パックがありさえすれば、また、ブロックが立方体で、それに丸いドーナツ状のブロックがついていさえすれば、電車やカメラといった物を模倣した、ということにはならない。

というのも、牛乳パックを動かしている子どもの動きであり、ブロックをカメラとして存在せしめているのは、牛乳パックを動かしている子どもの動きであり、ブロックを覗き込み、シャッターを押している子どもの動きに他ならないからである。つまり、物に対する子どもの能動的な関わりや働きかけが、単なる物を超えて別の存在へと、すなわち何かの模倣としての存在へと、変貌させているからである。ある物の本質を浮き彫りにし、その物の模倣へと至るには、いわば魂を吹き込むかのように、実際に自分で動かしたり押したりするなど、物に様々な仕方で働きかける子どもの能動的で主体的な行為が必要である。

こうしたことは、他の子どもに使われていた牛乳パックが片づけられるのを見るなり、たとえ片づけの時間であっても、「やっと自分の番だ」とばかりに、牛乳パックを動かし始める子どもの姿などからも、明らかになる。たとえ他の子どもが動かす様子をじっと見ていたとしても、それだけでは満足できず、自分で動かすことで初めて本質を浮き彫りにすることができ、電車を模倣するに至った、という満足感や達成感が得られる。

カメラの場合で言えば、実際にシャッターとして押すところがあるわけではなく、ただ指を立方体の角に押しつけるだけであったとしても、その行為がブロックをカメラたらしめる重要な行為であり、子どもたちにとっては非常に魅力的に映ることになる。「僕にもやらせて」「私も作る」と言いながら、こぞってブロックを顔に押しつけ、人差し指を動かすという仕方で、ファインダーを覗いてシャッターをきる行為によって、そのブロックはカメラとして子どもたちのなかで存在が確かなものになる。

だからこそ、子どもたちは、自分が実際に物に関わることができるかどうかにこだわるのであり、「次は私」「僕が先！」などと、我先にと奪い合うように物に関わろうとしたり、今か今かとはやる気持ちを抑えて順番を待っていたり、自分が関われる機会を虎視眈々と窺っていたりする。それが、現実には物理的な変化や影響がほとんどないと思えるような微々たる行為であり、おとなからすると、たいしたことではない、執着するほどのことではないと思える行為に対しても、子どもたちは、自分で能動的に何かを行なうことを非常に重要なこととして捉えていることが多い。その可能性が閉ざされてしまうことがあれば、大きな悲しみや怒りに襲われることになる。

先にあげた、片づけの時間に牛乳パックを取りだして動かし始める男児の例で言えば、自分で牛乳パックを動かすことが可能となる機会が片づけの時間になってようやく訪れたのであり、自分で電車を模倣できる喜びにようやく至ったことになる。

以上のことからは、何かしらの物を模倣するにあたり、模倣の対象である物の本質を浮き彫りにするためには、物に対して何かしらの仕方で働きかける等、子どもの能動的で主体的な行為が必要であることが、明らかにされた。これらのことをふまえ、タクシーを模倣しているユウタたちのあり方を、本質を浮き彫りにすることへのこだわりと創造力の豊かさという観点から、さらに探ってみたい。

第3節　本質の浮き彫りにおける創造力

ユウタたちがタクシーを模倣している時のあり方は、すなわち、タクシーの本質を浮き彫りにしている時のあり方は、ハンドルは動いた方がいい、ということにこだわるユウタの姿に明確に現われている。ユウタは、現実のタクシーを作るわけではないため、ある部分は省略をしなければならないことはわかっているが、ハンドルは動くという本質は逃したくないと思っていたことが、事例での子どもたちの言動から容易に読み取れる。つまり、ユウタにとっては、タクシーであるためには、ひいては、自動車であるためには、ハンドルは動くものでなければならず、タクシーの本質を浮き彫りにし、タクシーを模倣するためには、ハンドルが動くことが必要不可欠だった。

一方、タカヒロは、動かすことの現実的な難しさからか、「いいんじゃない？」と妥協しようとするが、ユウタの動かしがたい想いを捉え、どうしたら実現できるかを共に考えようとしている。そして、実現した時には、本質に近づくことの喜びもあったことは、動くハンドルに対して、「すげぇ、すげぇ」と、ユウタと一緒に非常に興奮している姿からも、明らかである。

先に述べたように、たしかに、タクシー作りをしている時の子どもたちのあり方は、遊びとは異なる。しかし、ハンドルを動かせるということを自動車の本質として捉えており、ハンドルを何とか動かそうと、諦めずに試行錯誤するユウタやタカヒロの姿からは、ままごとなどのごっこ遊びと同様の、本質を浮き彫りにする過程での創造力の豊かさが感じられる。

また、第6章で取りあげた指標の観点からすれば、ユウタがハンドルを動かすことにこだわったのは、自動車の指標に対するこだわりであると、一見するとみなされるかもしれない。つまり、ヒーローを指し示す指標としての武器づくりと同じように、自動車を指し示す指標として、ハンドルの精巧さにこだわったのではないか、ということである。しかし、ユウタは、動くハンドルを単に自動車の指標として捉えていたわけではないだろう。

ユウタには、日常生活で自家用車に乗る時に、おそらく、車を運転している父親や母親の身体の動きや想いが自分の身体へと浸蝕することにより、一緒に車を運転しているというような感覚があったのではないだろうか。しかも、ハンドルを動かす動きに魅力を感じただけではなく、ハンドルを動かすことによって適切な運転をしようとし、どこかへ一緒に行こうとする、運転手である父親や母親の想いまでをも捉えていたのではないだろうか。そうだとすれば、ユウタは、動くハンドルを再現することを通して、父親や母親に代表される運転手である他者の想いまでをも再現しようとしていたことになる。つまり、ユウタが、タクシーの本質を浮き彫りにするためにハンドルを動かすことにこだわったのは、指標の範疇を超え、他者の想いを再現しようとしていたから、ということになる。

この事例の子どもたちは、完成したタクシーが仲間や先生といった他者に見られること、翌週の行事では、お客さんとして来る地域の人や年少児にも見られる、ということもわかっていた。よって、ユウタたちは、自分の満足感を満たすためだけではなく、様々な他者の想いも請け負いながら、遊園地の乗り物としてのタクシーを作っていたことになる。つまり、自分たちが作ったタクシーにお客さんとして他者が乗ること、その時に他者が感じるだろうおもしろさ、驚きなど、自分だけではない他者の存在や他者の想いまでをも、自分の存在や自分の想いに重ねながら作っていたのである。

ユウタは、ハンドルが動かなければ、粗雑な指標にとどまった、いわばミニチュアのハンドルになりさがってしまう、とも感じていただろう。しかし、作ったり描いたりするものがミニチュアにとどまる子どもや、とりあえず完成すればいいと、本質を浮き彫りにすることに対するこだわりを見せない子どももいるだろう。そのような子どもと、この事例のユウタのように、ミニチュアを超えて、ハンドルを動くようにしようとこだわる子どもとの違いはどこにあるのだろうか。

子どもたちが何かを作る場面で、保育者が見本を見せ、それと全く同じ方法で同じように作ることを要求することは、保育の現場でしばしば見られる。こうした場合には、保育者の見本をそっくりそのまま再現することが求められるため、子どもたちは本質を浮き彫りにするために、省略をする必要がなくなる。場合によっては、むしろ省略が禁止されることもあるだろう。こうした場合には、子どもの作品は保育者の見本のミニチュアにとどまることになる可能性がかなり高くなる。

何かを作ったり描いたりする際に、完成形や完成に至るまでの手順があらかじめ明確に定められている場合や、作ったり描いたりする対象の本質をあらかじめ捉えていない場合には、本質を浮き彫りにする必要性や可能性はかなり限定的になる。本質を浮き彫りにする可能性にそもそも開かれていない状況におかれた子どもたちには、本質を浮き彫りにする過程で発揮されるはずの創造力を発揮する機会が、そもそもないことになる。

たしかに、ユウタたちも、行事の準備のための乗り物作りという、保育者から指示された現実の世界における目標の達成をめざしているのであって、ごっこ遊びで顕著になるような展開の可能性が広く開かれていたわけではなく、遊びとは異なる状況にあった。

しかし、ユウタたちは、ただ単に目標を達成すればよいと考えていたのではなく、ハンドルを動かすことにこだわっていた。こうしたこだわりをもつことができたのは、ユウタたちが、完成形や完成に至るまでの方法については自分たちに任されており、自動車や自動車を運転する他者に親しんでおり、自動車を運転する人の本質をあらかじめ捉えていたからであろう。ユウタたちは、本質を浮き彫りにする可能性に開かれていた状況にあったからこそ、タクシーを作るという限定的な目的においても、創造力を発揮することができたのであろう。

以上のことからすれば、制作や行事の準備や練習など、クラスの子どもたちが同じ課題に取り組むような場面でも、一人ひとりに応じて経験は異なっていること、おとなが子どもの創造力に蓋をしてしまっている場合もかなりあることが、改めて明らかにされたのではないだろうか。

第9章　競技と遊び

〔遊びを介して、〕真剣な状態にある生活もまた軽やかになり、しかも〔遊びの意義が〕深く食い込んだ意義をそなえている生活は、〔軽やかさを〕堪能している遊びのように、軽やかとなる。

（Fröbel, I S. 465, 三175頁）

すでに何度か述べたように、遊びの目的は遊びの世界内にとどまっており、現実の世界の目的とは不連続であるため、目的を達成できたか否かに付随する結果が現実の生活に影響を及ぼさないことが、遊びの特徴であった。遊びでは、そのつどの目的が達成されても、終わることなく繰り返されることも、重要な特徴であった。

また、乳児から幼児へと成長する子どもたちは、食事や排泄、衣服の着脱や手洗いなどを現実の日常生活の流れのなかでの行為として、それゆえ遊びとは異なることとして意識するようになっていく。

前の章では、おとなから提示された制作に取り組む子どもたちのあり方について見た。この場合には、何かを作ること自体、もしくはその結果が、現実の生活にも影響を与えているため、子どもたちが遊んでいるとは早計に言えないことが、明らかになった。

では、サッカーやドッジボールをする子どもたちは、遊んでいるのだろうか。勝ち負けがはっきりとわかるようになってくると、勝つことに執着し、いわゆる「ズル」をしてまで自分が得点できるようにしたり、ゲームが終わった後も、負けたことを引きずったりする子どもの姿もよく見られる。こうした子どもたちは、サッカーやドッジボールなどで、得点をあげることや、勝負して勝つこと自体が最終目標となっているようである。そうであるならば、先にあげた遊びの特徴からしても、遊びとはみなせなくなってくるのではないか。

この章では、勝ち負けを争う活動をする子どもたちのあり方について、年長児のサッカーの事例を基に、探ってみたい。

第1節では、勝負して勝つことが最終目標となっている場合には、遊びにとって重要な特徴が見られず、むしろいわゆる優劣が子どもたちに強く意識されていることから、競技という観点に沿って、サッカーをしている子どもたちのあり方について探る。第2節では、競技が成り立つために必要不可欠なルールに焦点を当てることによって、遊びと競技の違いを明らかにする。そのうえで第3節では、ごっこ遊びで典型的となる現実の象徴という観点から、競技と遊びにおける子どもたちの微妙なあり方について、探りたい。

第1節　競技としてのサッカー

この章ではサッカーの事例を取りあげて、競技をしている子どもたちのあり方について探っていく。

年長児　6月

ケイタ、シゲキ、タロウの三人でサッカーを始めた。そこに、ケイタたちとは別のクラスの男児三人が入り、試合をすることになった。基本的にボールは蹴るものである、ゴールにボールが入ったら点数が入るということは、すべての子どもに了解されているようである。しかし、ボールがサイドラインの外に出たら、出した相手チームがスローインすること、ゴールラインの外に出たら、出した選手に応じて、ゴールキーパーがキックを、または相手チームがコーナーキックをすること、といったルールは共有されておらず、どちらのボールになるのか、手でボールを触った、触っていない、ゴールキーパーだからどこでも手で触ってもいい、そんなのサッカーじゃないなどと、ケイタを中心にルールの食い違いでいざこざがたびたび起こってしまう。私が審判も兼ねると同時に、ペナルティエリアのラインを引き、「ゴールキーパーはここの中だけ手を使っていいことにしよう。それ以外はだめだよ」と提案し、ルールの共有を図った。

しばらく続けていると、年中の子どもが「イエローカード」と言って、黄色い色紙を切ったものを私に渡してくれた。それを見たシゲキは、「レッドカードも作りたい」と言い、部屋に一旦戻って、赤い色紙でレッドカードを作った。試合は一旦中断したが、そのあいだもケイタたちはボールを蹴り合い、ケイタは、他のクラスの女児たちに「試合見に来て！」、と誘っていた。

レッドカードもでき、国旗のようなものを作って、観客として応援しに来ていた年少児も増えたところで、新たに試合を始めた。レッドカードを作ったシゲキが審判になった。しかし、ケイタは自分の好きなように手を使ったり、「オフサイドだからダメ！」と言ったりし、自分がボールを蹴ってゴールを決められるように、ルールを自己中心的に解釈するプレイが続いた。「ケイタくん、それはずるいよ！」と私も言うが、「いいんだよ、だって今ファールだったもん！」などと、自分に都合のいい言い訳を続けた。

審判役のシゲキは、「イエローカード！」、とカードを提示することを楽しんでいたが、提示の基準は曖昧であるし、ケイタに「違う！」などと強く言われると、「やっぱり違った」などと言って、イエローカードを引っ込めたりしていた。

ケイタとは別のクラスの三人は、途中で怒り、「もうやめる！」と、別の遊びに行ってしまった。

ケイタにはサッカーの経験もかなりあり、他の子どもと比べても、ボールの扱いはうまい方であり、サッカーのルールはよくわかっている様子だった。自分の有利になるように解釈するものの、ボールがサイドラインの外に出たら、出した相手チームがスローインをする、ゴールラインの外に出たら、ゴールキーパーがキックをする、または相手チームがコーナーキックをする、といったルールも、よくわかっていた。しかし、オフサイドやファールというルールの用語を使いながらも、自分が蹴ってゴールするという目的の達成のために、プレイを強引に進めようとしている姿もあった。

他の子どもたちからしてみれば、自分たちにはよくわからないルールや用語をもちだされ、対戦相手の子どもたちからすれば、点数も入れられてしまうため、ケイタ以外の子どもたちのサッカーをすることに対する楽しさや充実感は、どんどん下がっていってしまった。

こうしたことから、一見すると、ケイタは、自己中心的な振る舞いによって、仲間と楽しくサッカーで遊ぶことを自ら難しいものにしているように思われる。しかし、この時のケイタは、サッカーをそもそも遊びとして捉えていたのであろうか。

目的という観点からすれば、「ボールがいつか自分のところに来るかな」「自分のところにボールが来たらかっこよく蹴れるかな」、といった目的を達成できるかどうかという、遊ぶなかで生じ続けるリスクと期待のもとで、ケイタは遊びの繰り返しを楽しんでいる、とはみなせなかった。むしろ、「絶対にゴールする」「絶対に勝つ」、という遊びの範疇の外にある、競技ならではの明確な目的の達成を第一の目標としていたようであった。だからこそ、この目的の達成のために、自分の有利になるようにルールを解釈していたところがあり、他の子どもたちにしてみれば、「ケイタばっかりずるい」「楽しくない」、ということになってしまっていた。

しかし、ケイタはサッカーを真剣にしていなかったわけでは決してない。この事例の数日後にも同様のことがあり、ゴールをする状況を強引に設定していくケイタを筆者がたしなめたことがあった。「友だちがどうしたいのかも、ケイタくん聞いてみて?」という筆者の言葉に、ケイタは、「わかったよ」と言った後、「でも、俺、サッカーしたかったんだよ」、と真剣な顔でつぶやいていた。

この事例とは別の時に、ケイタたち年長児のサッカーに、年中児のケンイチが入ってきたことがあった。ケンイチは、年中児ではあるが、サッカーを習っており、ボールコントロールは、誰が見ても飛び抜けてうまかった。そのようなケンイチに対し、ケイタは何も文句は言わず、「あいつはすごい」、というようなことまで言っていた。このことからも、自分が思い描いているようなサッカーが一緒にできる存在、自分よりもサッカーがうまい存在として、ケンイチを認めていたことは明らかであった。

以上のことからすれば、ケイタは、遊びというよりも、いわば競技としてサッカーをしようとしていたことが容易に読み取れる。そのやり方は、ルールを自己中心的に解釈していくという点で問題はあったものの、ルールをふざけて勝手に変えていたわけではないし、ルールを無視していたわけでもないことは、明らかである。むしろ、競技としてサッカーの複雑なルールの存在は無視したくなく、他の男児よりもこうした厳密なルールを意識していたことになる。

そもそも、サッカーなど勝ち負けがはっきりとしている場合、競技とも呼べる活動は、遊びの範疇に収まらないことが多いのではないだろうか。つまり、勝負して勝つこと、得点をあげることが目的となっており、その目的を達成することで、喜びや達成感を感じるのであれば、目的の達成自体が最終目標となっているため、試合を繰り返す必要は生じない。この時の子どものあり方は、繰り返しを楽しむという遊びにおけるあり方とは異なったあり方である。ここでのケイタも、サッカーで遊んでいたというよりも、競技としてサッカーをしていた、とみなせるのではないだろうか。

ケイタ以外の男児のなかに、ケイタのように競技としてサッカーをしていた子どももいたとすれば、ケイタに有利なルールの解釈によって不公平さを感じ、自分の目的が達成されないことに不満が生じたため、サッカーをやめてしまったかもしれない。また、遊びとしてサッカーを楽しもうとしていた子どもたちは、競技としての厳密なルールのもとでは自由にボールに触れられなかったり、自分の想い通りにならなかったりすることが何度も訪れたために、しだいにつまらなくなっていったのではないだろうか。事実、この事例でのケイタ以外の子どもたちにとっては、遊びとしての軽やかな展開や、繰り返されることで自分でも楽しめる機会が訪れる可能性に対する期待をもてず、重い雰囲気になり、遊びとして楽しめる状況ではなくなってしまっていた。

ここで注意しておきたいことは、子どもたちは、競技であるから真剣であって、遊びであるから真剣ではない、ということでは決してない、ということである。遊びであっても、いやむしろ、遊びであるからこそ、子どもたちは真剣に取り組む。サッカーであれば、「ボールがいつか自分のところに来るかな」「自分のところにボールが来たらかっこよく蹴れるかな」、といった遊びのなかでの目的に至ることに没頭し、その達成をめざそうとする。そこには、この目的を達成できるか否かの緊張感とも呼べるものがあり、だからこそ、遊びとしてのサッカーは、予想を裏切る結果になるかもしれないというリスクをともなったおもしろさにもつながっている。いわゆる「ふざけている」子どもは、遊んでいない子どもであり、真剣さが足りないために、「ちゃんと遊んで!」、と言われることもしばしばある。

しかし、競技と遊びとでは、次の節で探るように、その真剣さを支えるルールや、その先にある目的のあり方が異なっているのである。

第2節　明示的なルールと暗黙の了解

競技としてのサッカーでは、ゲームを始めるに先立って、複雑なルールがあらかじめ決められている。特にサッカーは、その複雑なルールを子どもたちのなかで共有することは難しく、理解の仕方には、サッカーの経験や知識によって大きな差がある。この事例では、基本的にボールは蹴るものである、ゴールにボールが入ったら点数が入るということはお互いに了承されていたが、それ以上のルールの共有は難しい状況だった。

ルールをめぐっていざこざが生じることはよくあるし、この事例では、たとえば、ラインの外に出たらどちらのボールになるのか、手でボールを触ったか触ってないかなどについて、そのつど、お互いに自分の判断を相手に伝えたり、交渉したりする必要がでてきていた。

このようなやりとりによって、競技であればもちろん、遊びであっても、子どもたちは現実に戻され、現実的な交渉に至らざるをえなくなってくる。だからこそ、現実の仲間同士の力関係が交渉にも反映されがちとなる。ケイタは、他の場面でも、自分の想いを押し通そうとすることも多く、それが他の子どもたちへの攻撃的な振る舞いになってしまうことも多い男児であった。この事例で言えば、審判役のシゲキが、「イエローカード！」と言ってケイタにカードを提示した時に、ケイタに「違う！」などと強く言われて、イエローカードを引っ込めている。このように、ケイタに強く言われたことで、シゲキはケイタとの現実の関係を嫌でも意識せざるをえなくなり、それに基づいた行動を取らざるをえなくなっていた。

ただし、どのような遊びにも、このように遊ばれなければならない、といった、守られるべき暗黙の規範のようなものがある。ままごとでも、母親役は母親らしく振る舞わなければならない、といった規範に対する暗黙の了解を基盤として、そのつどの役や状況に応じて様々な状況が新たに設定されたり、変更されたりする。たとえば、赤ちゃんは熱がでている、などといった設定も、ある意味では、守られなければならない暗黙の規範のようなものの了解に基づいて可能になる。それが、母親役の子どもの、「きゃー、大変！　赤ちゃんお熱がでちゃったわ！」といったセリフから生まれるものなのか、「赤ちゃんは熱があるってことね」などと、ある状況を改めて創造するような言葉から生まれるかは、そのつど異なる。しかし、それらの言葉が、遊びを維持し展開させるために守られなければならない暗黙の了解に沿っており、仲間に受け入れられるものであれば、現実的な交渉はせずとも、遊びの流れのなかで状況が自然に変更されていく。

しかし、そうした変更が受け入れられず、仲間のなかで決定的な支障が生じてしまうと、「どうして○○ちゃんは、いつもそうやって勝手に決めるの？」などと、この事例のサッカーのルールをめぐるやりとりのように、現実的なやりとりになってしまうこともある。こうした意味では、サッカーとままごととのあいだには、状況やルールや守られなければならない暗黙の了解をめぐったやりとりに大きな違いはないように思われる。

しかし、守られなければならない程度の厳格さという点では、サッカーとままごとでは、大きな違いがある。母親役は母親らしく振る舞わなければならない、という暗黙の了解は、厳密に言えばルールではなく、現実の母親を適切に象徴しているかどうかという、ままごとがままごととして維持されていくための、いわば、遊びの内的な意味である。遊びの内的な意味は、遊びを遊びたらしめ、維持していくための前提となっており、遊びを規定する遊びの本質であり、あえて言うならば、暗黙の「ルール」のようなものである。ままごとで言えば、ある行為や言動が、母親らしいものとなっている、現実の母親を象徴していなければならない、といったことである。この内的な意味に支障が生じなければ、遊びは成立し、継続していく。言いかえれば、ある行為や言葉が母親らしいものとして意味づけられるあいだは、遊びは維持され続ける。[1]

しかも、母親らしいものとして意味づけられる行為や言葉の範囲はかなり幅が広く、曖昧でもある。サッカーも、遊びである場合であれば、たとえば、お互いがボールを蹴り合って走り回ることを繰り返すことが暗黙の了解として共有され、楽しまれていれば、遊びの内的な意味は保持され続け、細かいルールやコートのライン等は無視されたり、「ここは手でいいのね」、といった特別なルールも受け入れられる。

このように、遊びを規定する暗黙の了解は、遊びを遊びたらしめさえすれば、つまり、遊びの内的な意味が保持されていれば、子どもたちによって暗黙のうちに受け入れられるのであって、具体的な行為や言葉がどの程度許容されるのかについて、基準や程度はかなり曖昧である。それゆえに、遊びには多様な展開の可能性が保障されている。逆に言えば、遊びが多様な展開の可能性に開かれているのも、遊びを規定している事態が明示化されておらず、暗黙のままにとどまっているからである。このことからしても、遊びを遊びたらしめているのは、厳密に言えば、ルールというよりも、遊びの内的な意味によってである、ということになる。

他方、競技としてのサッカーの場合は、細かなルールがかなり厳密に明示的に定められており、それが守られることを前提としたうえで、勝負で勝つこと、点を取ること、といった明確な目的の達成が目標となる。もしもルールが破られるようなことがあれば、それは自分の目的の達成が妨げられることにもなるために、対立することも多くなるし、そのつどの行為に対して、ルールの共有と適応の公平さが求められる。

さらには、参加する条件としてルールがわかっていることが求められる。逆の観点から言えば、ルールがわかっていないと参加してもおもしろくない。しかし、ルールの理解度には年齢や経験によって大きな差がある。ここにも、競技としてのサッカーを子どもたちが大勢で楽しむことの難しさがある。この事例で、ケイタの他にも競技としてサッカーをしていた男児も、ケイタほどにはルールを厳密に理解していなかった。だからこそ、こうした子どもも、ケイタが自分だけに有利なようにルールをもちだしていることは何となくわかったとしても、それに対してルールに基づいた正当な主張をすることが難しく、不満がつのり、「もうやめた！」、となってしまうのであろう。

こうしたことから、年齢に応じてルールを簡易化するといった援助を保育者がすることもある。たとえば、ドッジボールのルールは難しくとも、転がしドッジボールにするなど、年少児に対しては簡単なルールにすることで、ルールを無理なく理解することができ、ドッジボールを継続して楽しむことが、どの子どもにもできるようになる。さらには、異なる年齢の子どもたちと遊ぶ際、ルールの共有が難しい場合には、いわゆる「おみそ」として、年齢の低い子どもに対し、ルールを簡単にしたり、特別にしたりすることもある。特別なルールを認めることは、こうした子どもに対する配慮だけではなく、自分たちもルールの理解の差を超えて、真剣に楽しむことができるような状況を創りだすための工夫の一つである。

以上で明らかにしたように、競技と遊びとのあいだでは、子どもたちの活動を規定している暗黙の了解と明示化されたルールの果たす機能が異なっている。しかし、何度か述べてきたように、子どもたちの活動が遊びと呼べるものであるかを判断するためには、そこにおいて現実がどのように象徴されているか、という観点を考慮せざるをえなくなるのである。

第3節　現実の象徴の有無

ごっこ遊びに代表されるように、そもそも、現実を何かしらの形で象徴していることが遊びの特徴の一つである。鬼ごっこであれば、触るという行為がつかまえたことになる。じゃんけんでも、「こぶし」は「グー」として「チョキに勝つ」といった意味が与えられる。おしくらまんじゅうで、おしりで押し合うことは、現実では、相手を排斥したり嫌悪したりといった身体的な攻撃になるが、遊びとなると、その行為をみんなで行なうことが楽しさにつながり、それが激しくなればなるほどおもしろさが増すといった、現実とは異なる意味が生じている。

では、現実を象徴しているか否かという観点からは、サッカーやドッジボールなどはどのようにみなせるであろうか。

たとえば、ボクシングは競技であり、こぶしで相手と殴り合い、ノックアウトすることが、すなわち相手を気絶させることが目的となっている。こうした仕方で勝つという目的を達成することが、ボクシングの最終目標であり、勝ち負けによって、現実の生活に明らかに影響があるという点でも、遊びではない。しかし、相手を殴り、ノックアウトすることを日常の現実世界で行なえば、傷害罪に問われる。こうしたことから、ボクシングという競技は、現実の闘争本能を象徴している、とも言えるかもしれない。

では、この事例の子どもたちのサッカーではどうであろうか。

ケイタの想いからすれば、現実の世界で日本代表がプレイしているような、競技としてのサッカーがケイタのやりたいことであっただろう。だからこそ、その解釈は独りよがりな部分もあったが、本物の競技としてのサッカーと同じような厳密なルールを主張していたのではないだろうか。つまり、ケイタは現実の競技としてのサッカーにできるだけ近づけようとしていたのであって、いわゆるサッカーごっことして、つまり、本物のサッカーの象徴として、ましてやミニチュアとしてサッカーを楽しんでいたわけではなかったのではないだろうか。

しかし、ケイタ自身が自己中心的な解釈をしていたこともあったが、周りの仲間は細かいルールの理解がそこまで至っていないこともあり、両者がサッカーを共に楽しむには難しさが生じていた。先にも述べたが、こうした時に、おとなは、ルールの共有を図るために、ルールを単純化することがよくある。そうなると、サッカーごっことなり、本物のサッカーのミニチュアでしかない、ごっこ遊びに変貌していく。しかし、ケイタのように、競技としてのサッカーがしたいと強く思っている子どもにとっては、ルールのそのような簡易化には納得できないことも多い。そのことが、たしかに自己中心的な姿と映ってしまうこともあるだろうが、「僕は本物のサッカーがしたい！」「サッカーごっこはいや！」という気持ちとなって表われているのではないだろうか。ルールの難易度を安易に調整することで、本物の競技がミニチュアへと変わってしまい、このことによって、子どもの真剣さや想いが削がれてしまう場合もある。

しかし、この事例で、イエローカードを持ってきた年中の子どもや、国旗のようなものを作って応援しに来ていた年少児は、サッカーを取り巻く世界を模倣しており、ちょうどワールドカップの時期だったこともあり、ワールドカップごっことでもいうような、現実のサッカーの象徴として自らの行為を楽しみ、遊びの世界のもとにいる子どもも多かったように思われる。

審判を務めたシゲキも、ルールに基づいて適切な場面で公平にカードを提示するというよりも、審判を象徴する行為としてカードを出すことを繰り返しており、競技における審判というよりも、あくまでも遊びのなかの審判役としてサッカーごっこに加わっていたようにも思われた。

ケイタにしても、サッカーごっこという感覚もどこかにはあり、現実のサッカー選手の模倣をして、かっこよくゴールを決めたい、という想いもあったのではないだろうか。このことは、ケイタが自分のクラスの女児たちに、「試合見に来て！」、と言ったことからも感じられる。そうだとすれば、女児たちが応援に来てから、自分に有利となるようにさらに強引にルールを解釈しようとするケイタのこの時の行為は、ヒーローごっこでヒーローを真似している子どものあり方と同様のものとみなすことができる。つまり、彼の行為は、悪者と戦って倒すというシナリオを実現するために、武器の威力や効果を自分の都合がいいように変えていくのと同じように、ゴールを決めて勝つというシナリオを実現するために、自分の有利になるようにルールを都合よく変えている行為である、ともみなしうる。

つまり、戦って、敵を倒すことをヒーローの本質と捉えて、ヒーローごっこをすることでその本質を浮き彫りにしようとするのと同様、ケイタは、シュートをして、ゴールを決めることをかっこいいサッカー選手の本質と捉え、それを浮き彫りにしようとしていた、ともみなすことができるだろう。そうであるならば、ケイタのあり方についての理解も、競技としてのサッカーに対する真剣なあり方をしている、とみなすのとは異なった理解へと変わり、ケイタに対する保育者の援助も少なからず異なったものになるべきであろう。

以上のことからすると、この事例でのケイタは、競技としてだけでもなく、遊びとしてだけでもなく、そのつど異なったあり方でサッカーを続けていたことになり、サッカーと一言で言っても、この事例からは、子どもたちの複雑で多様なあり方を垣間見ることができるようになる。

注

［1］それゆえ、ある行為や言葉が演じられている人間にふさわしいものであるあいだは、遊びが維持されることを可能にしているこうした内的な意味は、この内的な意味に支えられた子どもの活動に対して、第2章の第1節で探った妥当性の雰囲気を形成するための重要な契機の一つとなっている。

第10章　遊びの移行と展開

人間にとって、……意識できるすべてのもの〔は〕、……たとえ〔当人には〕気づかれていなくても、無限に豊かな奥行の次元の表面でしかない。

（Husserl, 1976, S. 121f., 167頁）

前の章では、目的やルール、象徴といった観点から、遊びについて探った。さらには、遊んでいるかのように見えても、そうではない場合、遊んでいないように見えても遊んでいる場合など、子どもたちは現実の世界と遊びの世界のはざまで、多様で奥深い経験をしていることを明らかにした。

また、第2章でも指摘したが、年少児の遊びの特徴として、遊びが矢継ぎ早に移行する、ということがある。その理由として、年少児が過去－現在－未来といった、はっきりとした時間の流れを意識しているのではなく、そのつどの「今、ここ」という現在における楽しさや充実感を重視するあり方をしていること、ある時点における遊びがその前後を含む連続的な文脈に沿っているか、つながりに整合性や合理性があるかといった、遊びの展開を支える妥当性の雰囲気が、年長児と比べさほど機能していないことを明らかにした。

この章では、子どもたちは遊びの移行や展開をどのように生きているのか、子どもたちにとって遊びを支えている妥当性の雰囲気とは、具体的にはどのようなことであるかについて、さらに深めていきたい。

そのため第1節では、遊びの顕在化という観点から、第2章で探った年少児の遊びの特徴を、別の事例に基づいて具体的に明らかにする。第2節では、遊びの移行や展開について、遊びの顕在化と潜在化という観点から、見ていく。第3節では、顕在化されている遊びを維持するために妥当性の雰囲気がどのように機能しているかについて、探ることにしたい。

第1節　年少児における顕在的な遊びの特徴

まずは、次の事例を手がかりに、年少児の遊びの特徴を明らかにしたい。

年少児　9月

登園後しばらくして、セイイチロウとリリコは、「一緒に遊ぼう」と言い、ままごとコーナーで赤ちゃんに見立てられた人形をバギーに乗せる。セイイチロウは、ボウケンジャーの技の名前であろう、「パラレルエンジン！」などと言い、技をだしながら、赤ちゃんを乗せたバギーを押している。そのようなセイイチロウをリュウは自分で作った武器で、「サバイバスター！」、と言ってやっつけようとする。セイイチロウはそれに対して、自分も技の名前を言って、対抗しようとする。カズヤもリュウの仲間として、セイイチロウを撃ったりしている。リリコは、セイイチロウの味方をし、素手で戦う。これらの行為がしばらく繰り返される。

この行為を何度かした後、セイイチロウは、「出て行け！」と、少しヒステリックな声でリュウに言う。実際には、セイイチロウとリュウは、遠くからブロックの武器で撃ち合っているだけで、直接的な身体接触があるわけではない。近づいてキックしたりもするが、直接には当たったりしない。しかし、セイイチロウは止めないリュウに対し、「出て行け！」、と何回も叫ぶ。リュウは、「そんな泣き虫じゃ勝てないね！　お前より強い奴はいる！」と言うと、セイイチロウは、「こっちには赤ちゃんがいるの！」「うるさーい！　出て行けー！」、と強く言う。

リリコは、最初はセイイチロウの味方をしていたが、繰り返されるリュウとセイイチロウのやりとりに少しあきれた様子で、「うっるさいなー！」と言い、セイイチロウたちの戦いを尻目に、絵本を見始める。リリコは、絵本を見た後、赤ちゃんをバギーに乗せ直す。そして、ままごとコーナーのコンロに鍋をおき、オタマを持って、鍋をかきまわし始める。セイイチロウは、それを見て、戦うのをやめて、ままごとコーナーのリリコのところへ行く。

リュウとカズヤは、部屋の後方で保育者を中心に行なわれていた、制作としてのカブトムシ作りに加わる。

リリコは、料理を作り終わり、机に並べると、「あっち行こうよ！」と、セイイチロウを廊下の方に誘う。セイイチロウは、「食べてから行こうよ」と言うが、リリコは、「だめだよ。魔法がかかってるから」、と食べようとはしない。セイイチロウは、「だったら、20分たったら戻ってこよう」、とリリコに言う。そこへ、リュウが来て、また武器でセイイチロウを撃つ。セイイチロウとリリコは、リュウと再び戦いを始める。

リュウがいなくなった後、セイイチロウは、「先生、ごはん作ったから食べにきてもいいよ！」、と担任保育者に言う。担任保育者が、「今ね、カブトムシ作ってるからカブトムシのごはんある？」と言うと、セイイチロウは、「カブトムシはゼリー食べるんだよ」、と言う。保育者は、「えー。もっとおいしいもの食べさせてよー」と、少し笑いながら言うと、セイイチロウは何かを思いついたように、電子レンジの遊具を持ってきて、「これで焼くの！　先生！　これで焼くの！」と繰り返し、電子レンジで何かを焼き始める。

セイイチロウとリリコは、用意してあった料理が並べてある机のところで座り、「いただきまーす！」、と言う。リリコが、「うそっこで食べて」と言うと、セイイチロウは、「おいしー！」と言って、二人で食べるふりをして、「ごちそうさまでした」、と言う。

リリコとセイイチロウがいるところにミユとチイが来て、ミユが「ごはんくださーい！」と言うが、セイイチロウは、「お店屋さんじゃないです、ここは」、とミユに伝える。すると、リリコが、「じゃあ、やっつけにいこう」、とリュウたちのところへ再び行こうとする。セイイチロウは、「赤ちゃんつれていこう」と言うものの、リリコに、「赤ちゃんはつれていかない」、と言われてしまう。二人がリュウのところに行こうとしたところで、誕生会に呼ばれ、クラスのみんなで二階のホールにあがる。

事例の冒頭では、セイイチロウは戦隊ヒーローであるボウケンジャーになりながらも、バギーに赤ちゃんを乗せて、散歩をしているようであった。

模倣や真似の観点からすれば、ボウケンジャーがバギーに赤ちゃんを乗せて世話をする行為に整合性はない。また、本質や指標の観点からしても、ボウケンジャーの本質は戦って敵を倒すこととして捉えられているはずだし、バギーがボウケンジャーの存在を示す指標となっているわけでもない。

ここでのセイイチロウは、母親なのか兄なのかは定かではないが、赤ちゃんをバギーに乗せて散歩をするという、赤ちゃんの世話をする養育者でもあり、ボウケンジャーでもある。つまり、赤ちゃんの世話をする、いわばままごとの世界と、ボウケンジャーごっこの世界とを同時に生きている。本来、ボウケンジャーは赤ちゃんの世話はしないが、周りの子どもたちもそのことを特に指摘するわけではなく、セイイチロウとごく自然に関わっている。

ところで、子どもがそのつどの「今、ここ」としての現在で何事かに従事しており、実際の言動に現われている遊びを顕在化されている遊びと呼ぶならば、遊びが移行するというのは、そのつど顕在化されている遊びが移行する様相であることになる。たとえば、ままごとから秘密基地に、秘密基地からボウケンジャーショーへと遊びが移行するのは、顕在化されているある遊びが移行している、とみなすことができる。

しかし、この事例では、ままごととボウケンジャーごっことして区別されうる二つの遊びが、同時に、しかも一体的に顕在化されている。ここでは、顕在化されている遊びが他の遊びへと移行しているわけでもなければ、二つの遊びがあたかもスイッチの切り替えによって入れ替わっているわけでもない。ここでのセイイチロウは、ボウケンジャーごっことままごとの世界を同時に顕在化しており、ボウケンジャーでもあり、赤ちゃんの養育者でもあるという、おとなから見たら同時に成立しないあり方を同時にしている。にもかかわらず、ここでのセイイチロウも周りの子どもたちも、セイイチロウのこのあり方を矛盾したものとは捉えていないのである。

このような事態が維持されることの理由としては、第2章でも述べたように、子どもたちは、そのつどの「今、ここ」としての現在における楽しさや充実感を優先していること、遊びの展開や設定に整合性や合理性があるかといった、妥当性の雰囲気による遊びの自由度に対する支えが非常にゆるいことがあげられる。そして、この支えのゆるさが、前後の文脈の整合性を気にすることなく、遊びが移行していく事態を妥当なものにしていると同時に、この事例のセイイチロウのように、一見すると相容れないように思われる二つの世界を一体的に生きることにも、何ら矛盾を感じることがない、妥当な事態にならしめている。

ところで、ごっこ遊びの特徴は、役になりきる楽しさにあるのであった。しかし、職業人としての俳優とは違い、役を演じつくす、という目的の達成がごっこ遊びでめざされているわけではない。逆説的な言い回しであるが、演じつくすためにごっこ遊びをするのではなく、演じつくすことが楽しいあいだはごっこ遊びが維持されるのである。

たとえば、ままごとで母親になっている子どもは、母親になりきるためにままごとをしているわけではなく、母親になりきった結果として、ままごとが成立するわけでもない。母親らしく振る舞うこと自体が、ままごとが成り立つための暗黙の了解に基づいており、母親になることの楽しさが続いており、また、それが妥当なものとして自分を含めた周りから認められているあいだは、ままごとは維持されていく。

以上のことからすれば、この事例のセイイチロウは、赤ちゃんの養育者とボウケンジャーの両者になっている感覚を同時に抱いており、周りからもそれを認められているために、両者を同時に生きることが可能となり、それを維持することができていることになる。

しかし、だからといって、この事例の流れのなかで、セイイチロウは、こうしたあり方を一貫して維持し続けているわけではない。このことを、次の節で、遊びの移行と展開という観点から探ってみたい。

第2節　遊びにおける顕在化と潜在化

ボウケンジャーでもあり養育者でもあったセイイチロウであるが、リュウの攻撃に応戦するなかで、戦うことのみに集中せざるをえなくなる状況になっていく。最初は、ボウケンジャーとして技をだし、リュウの相手として戦いを続けていたものの、リュウに繰り返し攻撃を受けることによって、戦いの世界を遊びとして楽しむことがしだいにできなくなっていく。セイイチロウとリュウは月齢の差も大きく、身体能力や言葉の面では、セイイチロウはリュウにどうしてもかなわない側面があった。だからこそ、セイイチロウは直接的な攻撃を受けてはいないものの、身体能力のどうにもならない差を感じ、戦いでは遊びにならないと感じたため、「出て行け！」という強い言い方でリュウに抵抗しようとした。

しかし、リュウからすれば、戦う相手がいなくなってしまってはつまらないため、セイイチロウを敵役に見立て続けていた。そこでセイイチロウは、現実の年少児のセイイチロウとしてでもなく、ボウケンジャーとしてでもなく、赤ちゃんの世話をする養育者として、「こっちには赤ちゃんがいるの！」と、リュウに攻撃をやめさせることの正当性を主張した。

つまり、「赤ちゃんがいるの！」と言うことで、赤ちゃんがいる時にはうるさくしてはいけない、赤ちゃんには優しくしなければならない、自分は赤ちゃんの世話をする人だから戦う相手ではない、といったメッセージをリュウに送っている。ここでのセイイチロウは、戦うことが妥当とみなされるボウケンジャーの役からは降り、戦うことに正当性がない、赤ちゃんの養育者であることを前面に押しだしたあり方に移行している。

セイイチロウのこの言葉は、赤ちゃんの養育者として、ままごとの世界の妥当性を頼りにしようと発せられたものである。一見すると、ボウケンジャーとして戦いに従事しているあいだは、養育者であるセイイチロウはどこかへいってしまったかのように思われたが、ボウケンジャーへと完全に移行したわけではなく、赤ちゃんの養育者としての存在も保持されていた。

さらに、セイイチロウは、リリコを追う形で、戦うことから離れ、ままごとの世界でリリコが作ったごはんを食べようとする。しかし、リリコに、「だめだよ。魔法がかかってるから」、と言われてしまう。ここでセイイチロウは、「だったら、20分たったら戻ってこよう」と、魔法がかかるという設定と、廊下に行きたいというリリコの想いを受け入れている。セイイチロウは、一旦その場を離れたとしても、ままごとに戻ってこられる、再びごはんを食べられる展開になることを期待していることになる。

ここでも、一見すると、ままごととは異なる別の遊びへと移行し、ままごとは終わってしまったかのように思われる。しかし、リリコが廊下で何をしようとしていたかはわからないが、たとえままごとと全くつながりのないような遊びを展開していたとしても、ままごとでごはんを食べる、という世界も二人のあいだで保持されているはずである。

しかし、実際には、廊下に行こうとするリリコとセイイチロウをリュウが攻撃することにより、再度三人で戦いが始まった。セイイチロウとリリコからすれば、戦いごっこからままごとへ、そしてまた戦いごっこへと、リュウからすれば、戦いごっこからカブトムシ作りへ、そして再び戦いごっこへと戻り、結果的には、先ほどまでと同じような仕方で三人は再び戦い始める。その後も、ままごとをしていたかと思えば、リリコが「じゃあ、やっつけにいこう」と言うなど、ままごとと戦いごっこが行ったり来たりしていた。

このことからも、そのつどの「今、ここ」としての現在で子どもたちによって従事されている遊びは移行しているとしても、彼らは、前の遊びの世界を保持し、何かしらのつながりをもち続けていることがわかる。

顕在に対して潜在という表現を用いるならば、子どもの遊びがAからBへと移行し、「今、ここ」

では顕在的にBという遊びをしていても、潜在的にはAという遊びが子どものなかで保持されていることになる。より適切に言いかえるならば、遊びは移行しているわけではなく、潜在的な遊びと顕在的な遊びとがそのつど入れ替わっており、前の遊びは子どもたちの意識から消え失せているのではなく、潜在化された形で子どもたちに保持されている、ということになる。

このように、子どもたちは、顕在化されている遊びの世界に没頭しながらも、潜在化された遊びの世界を保持し続けているという意味で、両義的なあり方をしていることになる[1]。顕在化されている遊びには、潜在化された遊びという、いわば深さや奥行がそなわっているとも言え、この深さや奥行が、遊びのいわゆる奥深さの契機の一つであることになるのである。

とりわけ年少児の場合は、潜在的な遊びと顕在的な遊びの入れ替わりが頻繁に生じる。それは、第2章で明らかにしたように、年少児であればあるほど、「今、ここ」としての現在の楽しさや充実感が優先され、遊びの展開を支えている妥当性の雰囲気はさほど機能しないからでもある。

こうした観点からすれば、顕在化されている遊びに対するこだわりや、顕在化されている遊びの世界を維持しなければならない、妥当性がないと他の遊びに移行することはおかしい、という意識や感覚が、年少児の場合には、年長児と比べて強くない、ということが導かれる。だからこそ、ままごとをしていたかと思えば戦いごっこに突然変わるなど、遊びがめまぐるしく移行する。また、戦っていたセイイチロウが、「こっちには赤ちゃんがいるの！」と、潜在化されていたままごとの世界の妥当性を主張したことからも、潜在的な遊びの正当性は顕在化されている遊びに対しても有効である、という感覚がセイイチロウにあったことがわかる。

以上のことからも、潜在的な遊びが顕在的な遊びに地位を譲ったとしても、子どもにとっては潜在化された遊びがどうでもいいものになっているわけではなく、潜在化されている遊びの世界が保持され続けていることが、明らかになる。つまり、潜在的な遊びであろうとも顕在的な遊びであろうとも、子どもにとっては、いずれにも同等に重要な地位が与えられているのである。

たとえば、現在は放置され、これからも使われる可能性がなさそうに見えるある子どもの遊具を他の子どもが持っていこうとすると、先ほどまで使っていた子どもが、「使っているの！」、と主張して取り返そうとする。この、「使っているの！」という主張は、この遊具を使っていた遊びは潜在化されているだけで、自分のなかで遊びとしては保持されている、潜在的な遊びも顕在的な遊びも自分にとっては同じように大切だ、という子どもの想いの典型的な表われである。たしかに、実際に手で持って使っているわけではないため、「使ってないじゃない！」、と反論されることになる。しかし、「使っているの！」という言葉を発している子どもからすれば、不当な主張をしているのではなく、潜在的には、まぎれもなく、それを使っているのである。

たしかに、遊びがめまぐるしく移行することは年少児の遊び方の特徴でもあるが、ともすると、年少児の遊びは、続かない、展開しない、つながらないなどと、遊びとしては未熟なあり方とみなされることがある。

しかし、それまでは顕在化されていた遊びが潜在化される、潜在化されていた遊びが顕在化されるというように、短時間で遊びが移行していくのは、長期的な見通しや長い時間を必要とせず、そのつどの「今、ここ」という現在の真っただなかで遊びを楽しむ年少児の時間感覚によるのであり、年長児と比べ、遊びが劣っているわけではない。仲間のある言葉や振る舞いをきっかけとし、様々な遊びへと転じたり、先ほどの遊びへと戻ったりすることが容易に生じるのは、年少児の豊かな感受性と柔軟さの表われである、ともみなせるのではないだろうか。

年長児の場合でさえ、一旦は異なるグループの子どもと遊ぶことになっても、前の遊びの世界は保持されており、もとの遊びへ自然な仕方で戻る、といったことはよくある。さらには、ドッジボールをしたいが仲間がそろわない、それならば別の遊びをしながら仲間がそろうのを待とう、仲間がそろったらすぐに始めようといった姿も、年長児によく見られる。たしかに、次の第3節で探るように、長期的な時間的見通しをある程度もっており、妥当性の雰囲気によって遊びの展開が影響されやすいことからすれば、年長児は年少児とは異なったあり方をしていることになる。しかし、潜在的な遊びと顕在的な遊びが入れ替わっていく事態は年少児と同様である。

しかし、妥当性の雰囲気に影響されることが少ないとはいえ、年少児だからといってどのような展開でも受け入れられるわけではない。そこで次の節では、妥当性の雰囲気が遊びの維持や展開に対して果たしている機能について、探ることにしたい。

第3節　妥当性の雰囲気と顕在化された遊びの維持

この章の事例でも、ままごとの場所に来たミユの、「ごはんくださーい！」という呼びかけに対し、セイイチロウは、「お店屋さんじゃないです、ここは」、と答えている。おとなからすると、ままごとと戦いごっこよりも、ままごととお店屋さんの方が、遊びとして類似している部分が多いように感じられる。しかし、セイイチロウには、リリコと二人で遊びたいという想いもあっただろうが、お店屋さんをするという展開は妥当なものとして受け入れられなかった。

その後セイイチロウは、「じゃあ、やっつけにいこう」と、リリコに再び戦いごっこに誘われるが、自分は戦いごっこでは充実感を得られない、リュウにやられて楽しくなってしまうかもしれない、と感じたのであろう。いわば免罪符として、赤ちゃんを連れて行くことで、先ほどと同じように、赤ちゃんがいるのだから、自分に攻撃をすることは正当ではないことを、自分がピンチになった際に主張しよう、とあらかじめ思ったのであろう。しかし、リリコに、「赤ちゃんは連れて行かない」と、赤ちゃんを連れて行くことの妥当性を却下されてしまっている。これらのことからも、年少児なりに、顕在化されている遊びの展開に対する妥当性の感覚をしっかりともっていることが、明らかとなる。ただし、その感覚を支えているのは、自分が楽しいか、楽しめるか、といったことである。

年長になると、潜在的な遊びと顕在的な遊びの違いがはっきりしてくると同時に、遊び自体が暗黙のうちに支えられている妥当性の雰囲気に遊びの展開が沿っているかどうかが、より重視されるようになってくる。自分が楽しめるかどうかという意識だけではなく、今現在行なっている遊びの顕在性を維持しようといった意識や、この遊びはこうしなければいけないといった意識がはっきりとでてくる。たとえば、第3章で取りあげた、ままごとの事例でのネコ役の女児は、たとえその場に誰かがいるわけではなくとも、ネコらしい振る舞いを長いあいだ続けていた。このようなことができるのは、顕在化されているごっこ遊びの世界を維持しようとする感覚があるからこそである。だからこそ、「勝手にやめるなよ！」「それはもう終わったでしょ！」といった言葉や、「お母さんはそんなことしない！」「そんなの変だよ！」、といった言葉がよく聞かれるようにもなる。

さらに、年長児は、現在の瞬間だけではなく、延び拡げられたものとして時間を意識するようになるために、わずかな時間だけ何かの役になるだけでは満足できなくなってくる。たとえば、ままごとで母親役の子どもは、ごはんを作って、ごはんを食べて、赤ちゃんの世話をして、子どもたちを寝かすなど、母親を演じつくす見通しをもっている。つまり、模倣を楽しむために、時間的に長い間隔が必要になってくる。先のネコ役の子どもが、ネコらしい振る舞いを続けられたのは、顕在化されたままごとを維持しようとする意識と同時に、時間的に長い間隔にわたった見通しをもっており、より充実した時間が再び訪れる見通しをネコ役としてもつことができていたからである。

先に取りあげた事例ではないが、ままごとで、ペット役としてかなり長い時間、特に何もせず静かにその場に座っていた子どもが、「お散歩ですよ」という母親役の子どもの呼びかけに応じて、ペット役としてすぐに適切に行動できる、といったことがある。こうした子どもは、仲間のやりとりに意識を向けながら、顕在化されている遊びを、一歩ひきながらも、確実に保持し続けており、いつ訪れるかわからない出番を待っている。このように待つことができるのも、ペット役を演じつくさなければならない場面がくるだろう、散歩にいつかつれていってくれるだろうといった、かなり長期的な見通しを感覚的に抱き続けられていたからである。

このような場面に出会った保育者は、長時間にわたって一人でままごとコーナーにいる子どもが心配になり、大丈夫だろうかと声をかけたりすることもある。しかし、当の本人は、「お母さんが買い物から帰ってくるのを待ってるのニャー！」などと、全く動じていない様子で自分の役を演じつくす場合が多い。さらには、あまりにも長いあいだ帰ってこない母親役の子どもに対して、不安や怒りがつのってくるとしても、だからといってネコ役を勝手にやめるわけにもいかず、不満げながらも母親役の子どもをけなげに待ち続けている子どもや、「もう待てない！」と、母親役の子どもを自分から探しに行く子どももいる。実際には個々の子どもに応じてこうした時の振る舞いは多様であるが、いずれも、顕在化されている遊びを維持しよう、そうせねばならない、という意識に基づくものである。

さらに、次の年長の男児の姿にも、顕在化されている遊びを維持しようとする意識がよく現われている。

年長児　5月

ダイスケは、女児たちと一緒にままごとをしており、お父さん役の様子であった。しかし、女児たちは、ままごとコーナーをめぐって、別のグループの女児たちと激しい言い合いになる。ダイスケは、その言い合いには加わらず、黙々とブロックをしている。

言い合いが終わり、女児がダイスケに「(別のグループの女児たちがままごとコーナーを使うのは)後でいいって！」、と声をかける。すると、ダイスケは、「じゃあ、僕ちょっと会社行ってくる！」と言い、その場を離れる。その後、ダイスケは別の男児たちと遊んでおり、ままごとには戻ってこなかった。

ダイスケの、この「じゃあ、僕ちょっと会社行ってくる！」という言葉は、女児たちとのままごとから抜けるための発言であっただろう。しかし、たとえそうだとしても、「やめる！」と言って、遊びから一方的に抜けようとはせずに、最後までままごとの父親役として、このセリフと共に、ままごとから自然な形で抜けている。

ダイスケは、女児たちの言い合いが続くなかで、すでにままごとでは遊べなくなっており、別のことをしよう、あそこにいる男児たちと遊ぼう、とまで考えていたかもしれない。しかし、「もうこの遊びやめる！」というような、顕在化されている遊びが壊れるような発言はしていない。

ダイスケの先の言葉は、ままごと遊びのなかでの妥当な展開として、自分がその場からいなくなることが認められる状況を創造しているだけではなく、残された他の女児たちが、ままごとを支障なく継続していく状況をも創造している。ダイスケのこの言葉からは、顕在化されている遊びを維持しなければならないという意識と共に、顕在化されている遊びが台無しにならず維持されるようにと、顕在化されている遊びを続けようとしている女児たちに対する配慮が読み取れる。

ダイスケは、ままごとの空間に父親としていながらも、女児たちが激しい言い合いをするなかで、他の男児たちの遊びにすでに惹かれていたであろう。そうであるならば、他の男児の遊びは潜在的な遊びとして、ダイスケのなかですでに意識されており、その潜在的な遊びと、顕在的なままごととのあいだで、せめぎ合いがあったことになる。

その結果、ダイスケは、顕在的なままごとの世界が、いわゆる「シラケ」ないような配慮をしつつ、ままごとを自分自身のなかで完結させ、その後、すでに潜在化されていた遊びを他の男児とともに顕在化させるに至ったのであろう。

以上のように、遊びの移行や移行におけるあり方には、年少児と年長児とでは大きな違いがある。ただし、当然のことではあるが、年少児でも、潜在的な遊びと顕在的な遊びの入れ替わりについていけない子どもや、入れ替わりが受け入れられない場合もある。そのような場合には、おもしろくなくなって遊びから抜けたり、自分にとって顕在化したいものを相手に押しつけたりする、といったこともある。そして、「○○ちゃんはすぐ抜ける」「○○ちゃんは遊びをめちゃくちゃにする」、などと思ったり思われたり、言ったり言われたりすることを通して、遊びを展開していく力や仲間への配慮が育まれていくのだろう。

注

［1］両義的とは、同じ一つの対象や出来事や同じ一人の人間に矛盾したことや相反することが同時にそなわっている時のあり方を指し示す、メルロ－ポンティの言葉である（cf. Merleau-Ponty, 1953, p.7, 110頁参照）。たとえば、幼児にとっては、自分を優しく見守ってくれるお母さんと、お小言ばかりを言うお母さんとが一人の母親に二重化されている時、子どもにとっての母親は、両義的なあり方をしていることになる。メルロ－ポンティは、こうした両義的なあり方をしている母親に対して、子どもがうまく折り合いをつけられる場合には、その子どもは心理的に柔軟なあり方をしている、とみなしている（cf. ibid., 同所参照）。それゆえ、「外的事情を見る場合に、特殊で、両義的で、相克的で、混合的な性質の状況があることを認めたがらぬ人たち」（ibid., 同所）が、堅い人間と呼ばれることになる。こうした堅さは、

たとえば、一つの信条を恒常的に保持し、どのような状況でも、それを貫くだけではなく、その信条の正しさを疑うことを全くしない人のあり方に通じていることは、私たちも日常的にしばしば経験しているはずである。

第11章　遊びにおける言葉と感情

〔情動に駆りたてられると〕私たちは、……魔術によって……制御されているかのように、……世界を変え、その世界を生きようと試みる。

(Sartre, 1938, p.43, ３０４頁)

前の章では、潜在的な遊びと顕在的な遊びという観点から、遊びの移行と展開について明らかにした。そのなかで、顕在化された遊びが潜在化されたり、潜在化された遊びが顕在化されたりと、遊びが移行する際には、子どもの言葉や振る舞いがきっかけとなっていることについて、第３節で示唆した。この章では、まず、子どもの言葉に焦点を当て、遊びにおける言葉の機能や意義について探る。また、子どもたちは、言葉によって感情をも一気に昂まらせる場合がしばしばあることから、言葉と感情の昂まりについても、探ることにしたい。

この章におけるこうした課題を遂行するために、まず第１節では、言葉が遊びの世界を変容させることについて探る。第２節では、特に言葉があたかも魔法をかける際の呪文のような機能を果たしていることを明らかにする。そのうえで第3節では、遊びにおいて言葉によって昂まらせられた感情は子どもたちにとってどのように体験されているかについて、明らかにする。第4節では、子どもたちの活動をより一層生き生きと駆りたてる感情について探りたい。

第1節　世界を変容させる言葉

ごっこ遊びは、言葉の力が遺憾なく発揮される遊びでもあり、「ごっこ」の世界が豊かに創造され、奥深さを生みだすのは、言葉による部分も大きい。子どもが繰り拡げているごっこの世界がどのようなものであるかをおとなが理解し、ごっこの世界へと踏み込む際にも、子どもの言葉を手がかりにすることは多い。

ある男児が、「ガタン、ゴトン」と言いながら、積木を手に取って横に動かしている、としよう。この「ガタン、ゴトン」という言葉だけで、この男児の遊びの世界では、積木は電車となっていることがわかる。「次は新宿ー、新宿ー」と男児が続けるならば、その電車は新宿を通る電車であり、男児はその電車の車掌にもなっていることがわかる。この言葉を聞いた周りの子どもたちが、「乗せてくださーい！」と言って、乗客として遊びに加わったり、「ここが駅ね」などと、電車の世界を整えたりすることが自然と起こり、遊びの世界は共有され、拡がっていく。

そもそも、メルローポンティが指摘するように、名前を発するということは、ある物や出来事にいわばラベルや名札を単に貼っていくようなことではなく、「それを存在せしめ、もしくはそれを変容せしめること[1]」である。メルロ－ポンティは、薄暗がりのなかで、何かよくわからないものを「ブラシ」と名ざすことで、そのものに対する見え方や認識が変化し、それがブラシとして存在するようになる、といった事態を例として示している。たとえば、「これはブラシだ」と名ざすことによって、薄暗がりのなかでぼんやりとしか認識できなかった部分までもが、ブラシの一部としてはっきりと見えるようになったり、ブラシの存在が確かに感じられる、といったことが生じる。

日常生活でも、思いだしたい人の名前が思いだせないままであると、その人の存在自体がぼんやりとしたものとしてしか捉えられず、もどかしさや落ち着きの悪さを覚えることがある。ところが、名前を思いだした途端に、その人の存在が確かなものとして感じられ、その人へようやくたどり着いた感覚になることがある。

このように、言葉を与えられた対象は、存在が確かになったり、変容したり、新たな意味がそなわったりするのであり、言葉はこのような力をそなえている。

電車で遊んでいる先の男児の例で言えば、「ガタン、ゴトン」という言葉によって、積木は電車として確かに存在するようになり、積木から電車へとその存在が変容する。「次は新宿ー、新宿ー」という言葉を発することで、もうすぐ新宿に到着する特定の電車と、電車を動かしている運転手や車掌としての自分の存在を確かなものにし、自分自身の変容を楽しんでいることになる。

このように、言葉を端緒として、子どもたちは遊びの世界をあたかも魔術をかけるような仕方で創造していく。そこで、遊びにおいて言葉が果たしている機能について明らかにするために、まずは、次の事例に基づいて、遊びのなかの言葉について探ってみたい。

年中児　4月

廊下でケイジロウが女児二人や男児二人と足で転ばせ合ったり、洋服をつかんだりして楽しんでいる。登園して朝の支度を終えたチヒロが、「ケンカだ！」と言って、ケイジロウたちの様子を少し見ているが、すぐに加わる。担任保育者は、「ほら、何やってるの！」と言うが、あまり強い口調ではなく、子どもたちも保育者も笑顔のままである。その後、女児はケーキ作りに移動し、男児四人は、一階の廊下やテラスにわたってケイジロウを追いかけ、集団で走り回る。ダイキは、「変身！」と言い、一度立ち止まり、何かの変身ポーズを取って、また走っていく。シュンタは、「とっきゅう」という電車の本を持って、追いかけている。チヒロは、ブロックをつなげて作った武器を持って、走っている。

走り回り続けていると、ケイジロウが、「疲れたー！」と言って、倒れ込む。男児四人がケイジロウを取り囲むが、ケイジロウはすぐに立ちあがり、またみんなで走り回る。しばらくすると、ケイジロウたちは外靴に履き替え始める。ヨシヒサは、ブロックをつなげて作った長い武器を持ちながら、「ヨシくんはダッシュ村の人になる！」「ジョウシマ？　いやタツヤだ！」などと一人で言いながら、靴を履き替え、外に行く。

ヨシヒサが、「ケイジロウくんが来たらこれで撃つ！」とブロックの武器を見せると、担任保育者は、「なんでケイちゃんばっかり、みんなで撃つの？」、と聞く。ヨシヒサは、「＊＊（聞き取り不可）」とケイちゃんが仲間なんだよ！」と答えると、保育者は、「戦いなのー？」と言い、外に行く男児たちを見送る。

男児たちは、引き続き外でぐるぐる走り回っている。ケイジロウは、たまに「疲れたー」と言って倒れ込んだり、水を飲んだりする。他の四人の男児も、水を飲んだり、ブロックの武器でケイジロウを撃ったりしている。

靴箱の前でケイジロウが止まり、ヨシヒサを叩く。ヨシヒサは、「いいかげんにしろっちゅうの！」と言いながら、ブロックの武器でケイジロウを叩く。ケイジロウは、少し痛そうな顔をして、「うるさい！」、と少し強く言う。それに対し、ヨシヒサも、「うるさい！」と言い返し、ケイジロウも、さらに強く「うるさい！」、と言う。二人から笑顔が消え、少し緊迫した雰囲気が流れる。すると、ヨシヒサは、「バーン！」と言いながら、ブロックの武器でケイジロウを撃つふりをする。ケイジロウは、少しよろけた素振りをして、また走りだす。ヨシヒサはそれを追いかけ、またみんなで園庭を走り回り始める。

しばらくして、みんなは保育室に戻る。こうした様子を見ていた私のそばに、ケイジロウやヨシヒサが近寄ってくる。ヨシヒサが、「バーン！」と言って、ブロックの武器で撃ってきたため、私は、「ウワーやられたぁ！」と言い、やられたふりをする。ヨシヒサは、おもしろがって、何回も撃ってくる。私も、「ウワーやめてくれー痛いー！」などと、繰り返して言う。ヨシヒサは、「先生ここに座って！」と私に椅子を差しだし、そこへ私が座ると、周りを椅子で囲み、そこから出られないようにし、「ここ牢屋ね！逃げれないんだよ！」、と言う。私が、「ワーン。出してー！」と言うと、ケイジロウは「だめー！」、ダイキは「もう悪いことしないか？」、と言う。私が「〔悪いこと〕しないから出してー」と言うが、ケイジロウは、「だめー！」と、嬉しそうに言う。

「警察署ごっこね！」とダイキが周りの男児たちに言うと、ヨシヒサは、「違うよ！　ダッシュ村、コナンと警察署ごっこね」、と言う。ケイジロウは、「ダッシュ村コナン警察署ごっこ！」と言って、楽しそうにしている。私は、椅子で囲まれた牢屋からしばらく出してもらえず、遠くからヨシヒサに撃たれたり、ケイジロウに服を引っ張られたりする。

少しして、片づけの時間になるが、ケイジロウたちは、使っていた積木をなかなか片づけない。担任保育者が、「コナンさん、片づけてください！」とヨシヒサに言うと、ヨシヒサは、「今日はジョウシマなの！」、と言う。シュンタは、「お前タツヤだぞ！」、とヨシヒサに言っている。

この事例で、男児たちは、ケイジロウを追いかけて倒そうとすることを楽しんでいる。ケイジロウも、追いかけられることを楽しんでおり、「疲れたー！」と言っても、またすぐに立ちあがるため、追いかける行為は繰り返され、遊びが続いていた。攻撃的な行動に対しても、日常生活とは異なる意味が、たとえばキックをするのは相手が憎いわけではないといった、遊びとしての意味が付与されており、そのことが共有されているために、こうした活動は、男児たちのあいだで遊びとして維持されていた。後から登園してきたチヒロは、ケイジロウたちの様子を見て、最初は現実の世界のケンカとして、ケイジロウたちの行為を名づけるが、しばらくして遊びであるとわかり、自分も輪のなかに加わっていった。

年中の4月ということもあり、仲間と共に想像を深めたり重ね合わせたりして、遊びの世界を創造することを楽しむというよりも、ケイジロウを攻撃するという暗黙の了解のみが曖昧なまま子どもたちに共有され、みんなで身体を動かすことを楽しんでいた。ままごとの母親役や赤ちゃん役といったような明確な役割分担もなく、何に変身してどのように倒すのかなどといった、テーマやシナリオが共有されることもなかった。それでも、かなり長いあいだ、追いかけ合ったり叩き合ったりすることを繰り返し楽しんでいる姿からは、子どもたちが充実感や満足感を得ていることが、容易にわかる。テーマやシナリオが共有されていたわけではないことは、「変身！」と言いつつポーズを取り、何かの戦隊ヒーローになっているダイキに対して、ヨシヒサは、「ダッシュ村の人になる！」と言い、テレビ番組の「ダッシュ村」にでてくるタツヤという、戦隊ヒーローとは全く異なる世界の登場人物になろうとしている姿からもわかる。

先に述べた言葉の力という観点からすれば、「変身！」や「ダッシュ村の人になる！」という言葉をきっかけとして、ダイキもヨシヒサも、自分を自分ではない誰かへと存在を変容させていることになる。実際に言葉にして発声することで、変身しようとしている存在をより明確に自分自身へ刻み込んでいることになるのである。

以上のことからすれば、この事例の子どもたちは、「変身！」や「ダッシュ村の人になる！」という言葉一つで、現実には物理的な変化が起きるわけではないにもかかわらず、ある世界をいわば魔術的に生みだし、想像の世界を一気に創造しているのだろう。

すると、遊びにおけるこうした言葉は、あたかも呪文のような力をもっていることになる。子どもたちは、呪文としての言葉によって、自分で自分自身を変容させたり、遊びの世界にアクセントをつけることができ、遊びの世界をより生き生きと楽しむことができるのである。

そこで、次の節では、遊びにおいて、子どもたちの発する言葉が、遊びの世界を魔術的に一気に創造してくれるという仕方で、いわば呪文として機能している時の子どもたちのあり方と、その時の言葉について、詳しく探っていくことにしたい。

第2節　呪文としての言葉

言葉の発達についての多くの発達心理学での説明によると、音声をともなう発話としての外言と、音声をともなわない、心のなかでの発話としての内言という区別がされ、外言では伝達機能が中心であり、内言では思考機能が中心である、とみなされているようである。乳幼児期は外言から内言への発達段階にあり、外言であっても伝達機能をもたない場合も多く、外言によって情動や行動をコントロールしている、とも説明されている。この事例では、「変身！」や「ダッシュ村の人になる！」という言葉も、伝達が意図されていない外言であり、この言葉で、自分の情動や行動を調節している、と説明されるかもしれない。

しかし、遊びにおけるこうした言葉の役割を捉えるためには、呪文とみなした方が、子どもの世界で生じている出来事に寄り添った言葉の機能に迫れるのではないだろうか。というのも、この事例で典型的に明らかとなるのが、前の節で述べたように、これらの言葉を端緒として、子どもの存在そのものが変容し、魔術的に一挙に世界が変わることを子どもたち自身が経験している、ということであるからである。

それどころか、発話者自身は、他者に何かを伝達することを意識していなくとも、呪文としての言葉がもたらす世界の変容は、発話者の世界だけに閉じられていないことも、子どもたちの活動から明らかになる。

ある子どもが発した言葉が呪文としての力を発揮すると、周りの子どもたちまでもがその呪文にかかったかのように、呪文によって創造された世界や状況がたやすく共有されていく、といったことがごく自然に起こる。年少児の例で言えば、一人の子どもが、ブロックで作った武器を持って、「バーン!」と発しながら保育者を撃つと、他の子どもたちも持っていたブロックを保育者に向けて「バーン!」と言いだし、あっというまに保育者を敵とした戦いごっこになる。たとえ、それまではカメラや電車など、武器ではないものとしてブロックを意味づけ、楽しんでいたとしても、ある子どもの、「バーン!」という言葉一つで、自分が手にしていたブロックも、武器に変容し、武器として存在するようになる。

この事例でのダイキの「変身!」という言葉や、ヨシヒサの「ダッシュ村の人になる!」という言葉も、自分に対してだけの呪文であり、呪文によって創造される具体的な想像の内容を仲間に伝えようとしているわけではない。しかし、本人も仲間も、伝達する、伝達を受ける、といった意図がなくとも、楽しさが伝わり合い、みんなで追いかけることを繰り返している。

遊びの世界が新たに意味づけられたり、遊びが活性化されたりといった、呪文による世界の変容やそれにともなうおもしろさは、意図せずとも、仲間へと伝わっていく。その呪文による変容やおもしろさを感じ取った子どもが、さらに呪文を発して、遊びがより一層活性化していく、といった相乗効果が生まれる。あたかも呪文が子どもたちのあいだで伝染していくかのようであるが、その背景には、誰かが発した呪文とその効果とも言えるものを敏感に感じ取り、自分たちのものにして楽しんでいくという、子どもたちに特有の感受性の豊かさがあるのだろう。

この事例でも、片づけの場面で、ヨシヒサが「今日はジョウシマなの！」と言うのに対し、シュンタが、「お前タツヤだぞ！」、と言っている。ヨシヒサとシュンタは一緒に「ダッシュ村」ごっこをしているようには見えないにもかかわらず、一緒にケイジロウを追いかけていた。しかし、ヨシヒサの、「ヨシくんはダッシュ村の人になる！」「ジョウシマ？　いやタツヤだ！」というつぶやきを聞いたためか、その後のヨシヒサの言動からかは定かでないが、少なくとも、ヨシヒサのこれらの言葉かその後の言動を介して、ヨシヒサの世界をシュンタも感じていた、ということが二人の活動から窺えるだろう。

以上のように、言葉には世界を一挙に変容する魔術的な力が、それゆえ、いわば呪文のような力があり、その呪文は意図せずとも、何かしらの形で周りの子どもたちにも伝わっていく。

こうしたことから、次の第3節では、サルトルに即して、ある言葉や振る舞いをきっかけとして、魔術的に世界を変容させ、想像の世界を創造していく子どもたちのあり方について、これまでに取りあげた事例に基づいて明らかにする。というのは、サルトルは、私たちの行動をより一層生き生きと駆りたてる感情（＝情動[2]（émotion））について、非常に示唆に富む記述をしているからである。

第3節　情動的な行為

まず、第10章で取りあげた事例を再度取りあげるが、この節での課題に合わせるために、事例内の出来事を変えない程度で、内容を適度に省略したり、表現の一部を変えて記述することにしたい。

年少児　9月

ブロックで作った武器を持ったリュウは、「サバイバスター！」と言って、セイイチロウを攻撃する。セイイチロウはそれに対して、自分も技の名前を言って、対抗しようとするが、自分よりも身体も大きく、言葉も多いリュウにひるんでいる様子である。

セイイチロウは、「出て行け！」と、少しヒステリックな声でリュウに言う。リュウは、実際には、セイイチロウに対して、遠くからブロックの武器で撃つだけで、二人のあいだには直接的な身体接触があるわけではない。時々近づいてキックしたりもするが、直接には当たったりしない。しかし、セイイチロウは、攻撃を止めないリュウに対し、「出て行け！」、と何回も叫ぶ。

リュウは、「そんな泣き虫じゃ勝てないね！　お前より強い奴はいる！」と言いながら、ブロックの銃を撃ち続ける。セイイチロウは、「こっちには赤ちゃんがいるの！」「うるさーい！　出て行けー！」、とリュウに強く言う。

最初はセイイチロウの味方をしていたリリコだったが、繰り返されるリュウとセイイチロウのやりとりに、少しあきれた様子で、「うっるさいなー！」と大きな声で言い、セイイチロウたちの戦いを尻目に、絵本を見始める。

ここでのセイイチロウは、「出て行け！」と、リュウに強い口調で繰り返し言っている。このように強い口調で「出て行け！」と言うセイイチロウは、戦いごっこを遊びとしては続けられなくなり、現実の世界に引き戻されてしまっている。セイイチロウは、リュウとは戦いごっこでは対等に遊べないことを自分自身でもわかっているがゆえに、もうこれ以上リュウに自分の世界を脅かされたくないと、直接的な表現で訴えており、こうしたセイイチロウの振る舞いからは、彼の必死な感情が窺える。

こうしたセイイチロウに対し、リュウは、「そんな泣き虫じゃ勝てないね！　お前より強い奴はいる！」、と返事をしている。リュウは、セイイチロウが戦いを遊びとして続けられなくなっており、現実のセイイチロウとして自分に向かってきていることを捉えたのであろう。その結果、リュウは、自分の遊びの世界が、そのようなセイイチロウの振る舞いや、「出て行け！」という言葉によって変化していくことを感じたのではないだろうか。さらに言えば、セイイチロウに強い感情をぶつけられることで、戦いごっこのなかで昂まっていた自分の感情もしぼんでいってしまうことを感じたのではないだろうか。

だからこそ、「そんな泣き虫じゃ勝てないね！　お前より強い奴はいる！」とセイイチロウに言うことで、「出て行け！」というセイイチロウの叫びは泣き虫の証だ、と意味づけているのであろう。

つまり、そのように叫んでしまえば戦いに勝てないことや、セイイチロウよりも「強い奴」の存在を示すことで、遊びである戦いごっこの枠組みのなかにセイイチロウの振る舞いを位置づけると同時に、自分の遊びの世界がセイイチロウの振る舞いによって収束していくことを阻止し、その世界を維持しようとしたのであろう。

このようなセイイチロウとリュウの様子を見ていたリリコは、当初は自分自身も戦いごっこに加わってはいたものの、「うっるさいなー！」と大きな声で言い、少し離れた場所で絵本を見始める。リリコは、この「うっるさいなー！」という言葉によって、戦いごっこに自ら終止符を打ち、戦いごっこから絵本へと遊びを移行させると同時に、戦いごっこで生じていた昂まった感情から、絵本を見るという穏やかな感情へと、一気に移行している。

また、リリコにとってリュウとセイイチロウは、先ほどまで共に戦いごっこをしていた仲間ではあるものの、言い合いを始めたリュウとセイイチロウを見て、二人とはもう一緒に遊びたくない、という思いがリリコに生じたのだろう。だからこそリリコは、「うっるさいなー！」と言うことによって、今の自分にとってはリュウとセイイチロウのやりとりは嫌悪の対象であり、二人は自分とは遊びを共にしていないと、自分がおかれている世界を意味づけ直したことになる。

以上のことからすれば、この事例のリュウやリリコは、自らの言葉や振る舞いによって、自分のおかれている世界を変えようと試みていると同時に、自分の感情を維持したり、移行させたりもしていることになる。

サルトルは、こうした行為を「情動的な行為」と呼んでいる。サルトルは、たとえば、「手を伸ばしてブドウを取ろうとする」が、「それが私の手の届かないところにある」ため、「私は肩をすぼめて、『あれはあまりにも青すぎる』とつぶやいて、〔その場を〕立ち去る」[3]といった行為は、「嫌悪の行為を通して、この青すぎるブドウのすっぱさを〔感覚的に〕捉える」と、つまり、「自分の望む性質を魔術的にブドウに授ける」[4]行為である、としている。

この行為によって、ブドウの青さが物理的に変化したわけではなく、また、この行為自体は、ブドウが青いことに気づいたために取ることをやめた、というような適切な判断に基づいて生じたわけでもない。ここでは、「肩をすぼめて『あれはあまりにも青すぎる』とつぶやいて〔その場を〕立ち去る」、という言葉や振る舞いによって、手の届かないブドウから、青すぎるためにすっぱいブドウへとその性質を感覚的に変えることで、「あんな青すぎるブドウなんていらないものか」というように、自分の味覚と、自分とブドウとの関係を変えている。こうした言葉や振る舞いは、世界の変容をもたらす行為であり、サルトルによれば、こうした振る舞いのなかにこそ情動と呼べるものがある、とされる。

以上のことからすれば、この事例でのリュウやリリコも、今現在自分がおかれている世界のままでは穏やかにいられないという葛藤や緊張や嫌悪などが生じたゆえに、言葉や振る舞いで、自分自身と世界との関係を変えたり、次の何らかの活動を強く駆りたててくれるように当の世界を意味づけ直し、変化させたことになる。サルトルによれば、こうした言葉や振る舞いが、情動〔＝人間の行動をより一層生き生きと駆りたてるほど昂まった感情〕に駆りたてられているリュウやリリコのあり方の発露とみなされることになる。

すると、こうした情動は、子どもたちの現実的な日常生活においてもかなりしばしば生じていることになる。そこで、次の第４節では、遊びを生き生きと活性化させている際の子どもたちの情動について、すなわち、子どもたちの活動をより一層生き生きと駆りたてる感情について、探ってみたい。

第４節　遊びを活性化させる行為

特に年少児の場合は、遊びの世界が維持できなくなったり、展開にいきづまった時、現実の世界に戻ってその原因を話し合ったり、「じゃあ次はこうしてみよう」などと、自分の行為について振り返ったり、考えたりするような仕方で、感情を徐々に落ち着かせたり、昂まらせるといったことは、そう多くない。子どもたちは、第２節でその機能を明らかにした呪文としての言葉や、前の節であげた情動的な行為によって、世界を魔術的に変容させ、感情を一気に昂まらせたり、維持したり、移行させたりといった仕方で、そのつどの現在の状況に対応したり、何らかの新たな活動へと駆りたてられることがかなり多い。

そして、こうした子どもたちの情動的な行為が、遊びをより生き生きとさせ、活性化させている。また、世界が魔術的に変容していくきっかけは、言葉による場合もあれば、身体的振る舞いによる場合もある。

こうした観点から、第１節で示した４歳児クラスの事例から、子どもたちの世界が変化することにともない、遊びが活性化されることについて、再度探ってみたい。

立ち止まって「変身！」と叫び、ポーズを決めるダイキの姿からも容易にわかるように、ヒーローであれば変身ポーズや技を繰りだす動きなど、ある身ぶりを端緒として、子どもたちの世界が一気に変容すると同時に、子どもたちの感情も一気に昂まる、といったことはよくある。

ヨシヒサは、外に行く時に、「ダッシュ村の人になる！」「ジョウシマ？　いやタツヤだ！」と一人で言いながら、靴を履き替えていた。第1節ですでに明らかにしたように、この「変身！」という言葉や、「ダッシュ村の人になる！」という言葉をきっかけとして、ダイキもヨシヒサも自分を自分ではない誰かへと変容させており、ヒーローや「ダッシュ村」で活躍する芸能人になって、ケイジロウを追いかけることを楽しんでいるのであった。

以上のことからすれば、こうした魔術的な呪文の言葉を端緒として、子どもたちは、自分自身の身体に対する意識を変え、自分が自分ではない誰かになったような感覚をもたせることで、遊びの楽しさを増している、ということが導かれる。

さらに言えば、ケイジロウが、「疲れたー！」と言って倒れ込む、といった姿が繰り返しあったが、ケイジロウのこの行為も、遊びを生き生きさせる、呪文と同様の機能をもっているはずである。なぜならば、息があらくなってきたために、走る速度を緩めたり、何かに寄りかかったりするのではなく、また、「ちょっと疲れたから少し攻撃やめて！」などと言うのではなく、「疲れたー！」という言葉と共にバタンと倒れることで、ケイジロウたちの遊びの世界は弛緩することなく、生き生きとしたあり方が子どもたちのなかで続いていったからである。

たしかに、「うるさい！」と、ケイジロウとヨシヒサが言い合いになった時には、二人とも現実の世界に戻りかけており、お互いに怒りや緊張を感じていただろう。しかしヨシヒサが、「バーン！」と言いながら、ブロックの武器でケイジロウを撃ち、ケイジロウが少しよろけるといった振る舞いによって、二人のあいだで生じていた怒りや緊張が一気にほどけている。そして、ケイジロウが再び走りだすことによって、遊びは再度活性化され、二人の感情も楽しいものへと一気に移行している。

しかも、この事例の後半では、こうした様子を見ていた筆者の周りに椅子を並べ、「警察署ごっこね！」と言ったダイキに対し、ヨシヒサは「違うよ！　ダッシュ村、コナンと警察署ごっこね」と言い、ケイジロウも、「ダッシュ村コナン警察署ごっこ！」、と言って楽しんでいる姿があった。実際には、「ダッシュ村コナン警察署ごっこ」という名称に合致するような具体的な振る舞いや行為が行なわれたわけではない。しかし、この言葉によって、子どもたちのなかで楽しさが増し、子どもたちの遊びの世界はより生き生きとしたものになっていた。

このように三つの名前を合体させたのは、自分たちの振る舞いにふさわしいものになるようにと、遊びに名前をつけたり、説明をしたかったわけではなく、言葉が合体することで生じるおもしろさを楽しんでいたのではないだろうか。ヨシヒサたちは、三つの名前を合体させたことで、呪文の効果があたかも三倍になって、楽しさも三倍になるかのような感覚を楽しんでいたのではないだろうか。

言葉を合体させたり、つけ加えたりと、いわゆる大げさな表現をすることで、呪文そのものの果たしてくれる効果が大きくなり、遊びの世界がより活性化されるといったことは、子どもの遊びのなかで頻繁に生じる。たしかに、ここでは、「ダッシュ村コナン警察署ごっこ」という言葉によって、この名称通りの「ごっこ」の世界へと移行したわけではない。しかし、子どもたちの世界は、この言葉によって、どのようなことが起こるかわからない、あらゆる可能性へと開かれた未知なる世界へと変容していく。同時に、この言葉自体がまさしく呪文のような力をもち、ヨシヒサたちの感情を一気に昂まらせ、彼らの活動をより生き生きとしたものへと駆りたててくれていた。

以上のことからも、いわゆる呪文のような言葉や、先にあげたような呪文と同様の機能を果たすような振る舞いや、この章で探った情動的な行為が、子どもたちの世界の変容を後押ししている、ということが明らかになる。こうした言葉や振る舞いが端緒となって、子どもたちの感情が一気に昂まったり、移行したり、弛緩することなく維持されたりすることが生じているのである。

また、この事例での子どもたちは、彼ら自身の主体的な発話や振る舞いによって、自分のおかれている世界に対する意識を変え、まさしく魔術的に遊びの世界を自分自身で生き生きとしたものにしている。さらに言えば、こうした仕方で世界や感情を容易に移行させていくがゆえに、子どもたちの世界は、おとなの予想や合理的な考えを超えていくのであり、それが子どもたちの豊かさであろう。

一般的には、年少になればなるほど、遊びの展開に脈絡がない、感情の起伏が激しい、と言われる。しかし、以上で示した事例と解釈に基づけば、子どもたちは、無秩序に遊んでいたり、何のきっかけもなく感情を移行させたりしているわけではないことも、明らかになる。先の事例は3歳児クラスと4歳児クラスの子どもたちであったが、何かしらの言葉や振る舞いをきっかけとして、自分で遊びの世界や感情を生き生きとさせたり移行させたりする子どもたちの姿は、しばしば見られる。

以上で探ったように、子どもたちは、ある言葉や振る舞いをきっかけとして、魔術的に世界を変容させると同時に、自らの感情を一気に昂まらせたり移行させたりしている。このような魔術的な仕方で、感情を昂まらせたり、遊びの世界を移行させたり、彼らの活動をより生き生きと駆りたてたりするからこそ、子どもたちの遊びは生き生きしたものになるのである。

注

[1] Merleau-Ponty,1945, p.207, 295頁

[2] 英語の emotion や、後に引用するサルトルにおけるémotion は、ラテン語の動詞である emovere に発している。e は、外や前方を意味する ex から x が脱落した接頭語であり、movere は英語の move の語源である「動かす」という意味である。そのため、フランス語のémotion は、英語と同様、「激しい感情」や「感動」を意味しているが、語源にしたがえば、「前方へと駆りたてること」、といった意味を本来そなえている。この章で後に依拠するサルトルの『哲学論文集』の「情動論粗描」の邦訳では、フランス語のémotion は、論考名を含め、「情緒」と訳出されている。しかしこの章では、この語が本来そなえている、「感情の昂まりによって人間の行動をより一層生き生きと駆りたてる」といった意味で、フランス語のémotion を「情動」と訳すことにする。ただし、サルトルにおける情動のこうした意味を活かし、本文では、サルトルからの引用に関わる文脈の箇所を除いて、情動ではなく、感情という言葉を使うことにする。

[3] Sartre, 1938, pp.44-45, 305–306頁

[4] Sartre, ibid., p.45, 同書306頁

第12章　身体の動きと遊び

運動遊びは、四肢を解き放つ運動の喜びから湧きあがってきて、強められた身体意識や身体の感覚的な喜びを惹き起こす。

（Fink, 1960, S. 90, １０８頁）

前の章で取りあげた、４歳の男児たちが走り回っている事例からも明らかとなるように、子どもたちにとっては、身体を動かすこと自体が快感で、楽しいのだろう。特に急ぐ必要があるわけでも、誰かを追いかけているわけでもないのに、廊下を走ってトイレに行ったり、外靴に履き替えると、園庭の奥まで一目散に駆けて行ったりすることも、日常的によく見られる光景である。集まりの場面では、年少児であることが多いが、じっとしていられず、思わず立ちあがったり、足をバタバタさせたりする子どもの姿もよく見られる。

こうしたことからすれば、子どもたちにとっては、動かずに静かにじっとしていること自体が難しく、苦痛であることがわかる。「廊下は走らないで歩いて行こうね」「手はお膝で待っていようね」といった保育者の声かけがよく聞かれる、という経験的事実からも、静かに歩くこと、じっと座っていること自体が子どもたちにとっては不自然で、意識しなければならないあり方であることが、明らかになる。

年齢がより低い子どもであれば、電車の中で座っていられずに走り回ろうとしたり、駅構内の階段を自分で登り下りしたがったりと、保護者を困らせている姿も、よく目にする。勢いあまって車道へ飛びだそうとした子どもを母親があわてて止め、「危ないでしょう！」と声を荒げる、といったこともよくある。

では、子どもたちにとって身体を動かすことにはどのような意味があるのだろうか。また、身体を動かすことで楽しさや充実感を味わう、とは保育の現場でもよく使われる表現であるが、身体を動かすことと楽しさはどのように結びついているのだろうか。

この章では、こうした問いを背景としながら、身体の動きという観点から、前の章と同様、これまでに取りあげた事例に基づきながら、子どもたちの遊びや生活について、探っていきたい。

そのためにまず第1節では、身体の動きを楽しむ遊びにはどのようなものがあるかについて述べる。第2節では、身体を動かすことによって、動かしている当人が何らかの影響を受けていることを、自己触発という観点から、明らかにしたい。

第1節　身体の動きを楽しむ遊び

身体を動かすことを楽しむ遊びというと、鬼ごっこやドッジボールのような遊びが思い起こされるかもしれない。しかし、これらの遊びでは、身体を動かすこと自体からくる楽しさだけではなく、「タッチできるかな」「ボールを当てられるかな」といった、遊びにおける目的を達成できるか否かという点に、楽しさを強く感じる子どもが多い。こうした遊びでは、むやみやたらに動くのではなく、タッチをしたり、ボールを当てたりといった、ルールに応じた身体の動かし方をすることが求められている。さらには、第9章で明らかにしたように、遊びではなく、競技としてドッジボールを行なっている場合には、勝つことが最終目標となっているために、身体を動かすことを十分行なっていたとしても、勝たなければ楽しくない、といった子どもも当然いる。

こうしたことからすれば、身体を動かすことが特徴である運動遊びと言われるような活動においても、子どもたちは身体を動かすことだけに楽しさを見出しているわけではないはずである。

他方、身体を動かす遊びとは一見するとみなされないような、たとえばごっこ遊びのような遊びでも、子どもたちは、誰かや何かになりきることに付随する身体の動きを楽しんでいるのではないだろうか。ネコ役の子どもであれば、あたかもネコのように自分の身体を動かすことを、ネコになりきりながら楽しんでいるのではないだろうか。

年齢の低い子どもであっても、たとえば、母親の「ガタン、ゴトン」という声に合わせてリズムよく身体を揺らしてみたり、絵本のなかのウサギを見つけて飛び跳ねる動作をしてみたりする、といったことがある。こうしたことは一歳児でも行なうが、その際の子どもたちは、自分の身体の動きによって何かが象徴されること、ひいては、何かを象徴している自分の身体の動きを楽しんでいる、ともみなせるのではないだろうか。

それどころか、以上のような姿とは異なり、自分の身体を動かすこと自体を楽しむ、といったこともある。鬼ごっこやドッジボールのように、身体を動かすことを通してある目的を達成することを楽しんだり、ネコの動きやウサギの動作などによって、身体を動かすことで何かを象徴することを楽しんだりするのではなく、身体をただ動かすことをいわば純粋に楽しむ、という場合である。たとえば、第7章で明らかにしたように、歩くことがまだできない乳児は、ハイハイからつかまり立ちをするという一連の身体の動きの繰り返しを、親の支えを必要としながらも、遊びとして楽しんでいるのである。

歩行が安定して走ることができるようになると、子どもたちは何かを追いかけたり、誰かから逃げたりするといった理由や目的なしに、ただ走ることを楽しむようになってくる。こうした子どもたちは、自分の身体を大きく動かすことそのものに心地良さや嬉しさを感じており、走ること自体が遊びになっている。それゆえに、転んだとしても、大きな痛みがなければ自分で立ちあがり、再び走りだし、遊びは続いていく。

その際に、危ないからおとなが止めようと、「待ちなさい！」と追いかけても、鬼ごっこと同じように、何かから逃げるという、走ることとは別の目的が生じるために、身体の動きはかえって収まらなくなり、子どもにとってはより楽しくなって、さらに逃げてしまうことも多い。ただし、この時には、おとなから逃げきることが目的とはなっていないため、つかまって抱き上げられたとしても、抱き上げられたこと自体を喜び、少しすると「降ろしてくれ」とでもいうように身体をねじらせ、地面に降ろされると再び走りだす、といったことになる。

以上のようなことから、ある身体の動きを獲得したり、確立したりしていく時期の子どもたちにとっては、身体の動きを繰り返すこと自体が遊びとなる可能性が高く、自分の身体を動かすこと自体が身体的快感となり、充実感や満足感と直結している、ということが導きだされる。母親の「ガタン、ゴトン」という声に合わせてリズムよく身体を揺らす一歳児の例でも、最初は電車を象徴するものとして自分の身体を動かしていたが、自分の身体の動き自体が楽しくなり、電車とは関係なく身体を揺らし続ける、といったことも多い。

他方、年齢が高くなってくると、単に身体を動かすだけでは満足しなくなってくる場合も増えてくる。ただ走るだけ、ただボールを持ったり投げたりするだけでは満足しなくなってくることが多くなる。

では、前の章の第1節で取りあげた、4歳の男児たちが走り回っている事例では、子どもたちはどこに楽しさを感じていたのであろうか。

この事例では、ケイジロウを攻撃するという暗黙の了解のみが仲間のあいだで曖昧に共有され、みんなで走ってケイジロウを追いかけていた。このことからすれば、テーマやシナリオが明確に共有されていたわけではないが、ただ走るのではなく、子どもたちには追いかける、逃げるという目的があったことになる。前の章でも明らかにしたように、それぞれが何かに変身したり、ブロックで作った武器を持って追いかけることによって、単に走り回ること以上の楽しさを感じていただろう。

しかしながら、この事例の子どもたちは、ケイジロウを敵に見立て、想像の世界で何かになりきることを楽しさの拠りどころとしていたのではなく、むしろ走り回ることで自分の身体を動かし続けることを楽しんでいた。つまり、子どもたちの楽しさや充実感は、ひたすら走り回るという、自分の身体を動かすこと自体から得られていた部分がかなり大きい。だからこそ、自分の身体を動かし続けることが楽しいあいだは、脈絡なくケイジロウを追いかけることが続いたのであろう。

以上のように、子どもたちが遊びのなかで何を楽しんでいるのか、何が子どもたちの楽しさを支えているかは、そのつどかなり多様であり、しかも様々な仕方で変化し続け、また個々の子どもによっても異なるため、年齢に応じて一様に変わっていく、とはみなせないことになる。

この事例の途中で、担任保育者は、「なんでケイちゃんばっかり、みんなで撃つの？」「戦いなの？」と尋ねていた。保育者からすれば、ケイジロウばかりが追いかけられるのはかわいそうではないか、遊びとして想像の世界を明確に共有してほしい、という想いがあったのかもしれない。しかし、子どもたちは、ケイジロウを追いかけることになった背景や、自分が何に変身してどのような戦いを繰り拡げるのかといった、想像の世界を創造する楽しさよりも、身体を動かすこと自体に楽しさを見出していたようである。

ここまで述べてきたように、身体の動きを楽しむ遊びはかなり多様であり、子どもたちが身体を動かす遊びのなかで何を楽しんでいるのか、何が子どもたちの楽しさを支えているかは、非常に多様であることが明らかとなった。では、そもそも自分の身体を動かすことは、子どもたちにとってなぜ楽しいのだろうか。次の節では、自分の身体を動かすことによって当人が何らかの影響を受けているという意味での、自己触発〔＝自分で自分自身を触発すること〕という観点から、この問いに答えたい。

第2節　身体の動きによる自己触発

まずは、自分で自分自身に何らかの影響を及ぼすという意味での、フッサール現象学における自己触発という言葉を手がかりに、子どもにとって身体を動かすことの意味について、探っていきたい[1]。

フッサールは、私がある対象や出来事に関わっている時に、他の対象や出来事ではなく、まさしくこの対象や出来事が私の意識を引きつけているといった事態を、私はその対象や出来事に触発されている、という言葉で表現している。たとえば、電車に乗っている時に、車内で大きな物音がして、ビクッと身体を震わせ、それまで読んでいた本から音がした方へと思わず視線を向け、何が起こったのかと周囲を見渡す、といったことは誰しも経験したことがあるだろう。この場合には、電車の中で聞こえた大きな音が、私を触発していることになる。

しかし、この時の私は、大きな音によって触発されているだけではない。フッサールによれば、ビクッと反射的に身体を震わせた、という自分自身の行為が、驚きの感情や、音がした方へと視線を向けたりする自分の振る舞いを触発する、ということも同時に生じる。つまり、自分とは離れたところで生じた大きな音などの対象や出来事によって、触発されるだけではなく、ビクッと身体を震わせるといった、自分の行為そのものによって、自分自身が触発されているのである。

このように、ある対象や出来事によって自分が触発されるだけではなく、そうした対象や出来事に関わっている自分の行為によっても、自分自身の意識や振る舞いは触発される。こうした、自分の行為によって自分自身が触発されることは、フッサール現象学においては、自己触発という言葉で表わされる。

そこで、音がした方へと思わず視線を向けたり、何が起こったのかと周りを見渡したりする、といった振る舞いは、驚きの感情と共に、思わずしてしまう振る舞いであることにまず注意しておきたい。というのも、この時には、「たった今大きな音がした。大丈夫なのだろうか。ともかく、周りの様子を見てみよう」などと、大きな音を聞いた自分自身を意識的に、いわば反省的に振り返った結果として、周りを見渡すといった振る舞いを行なっているわけではないからである。

そもそも、大きな音に反射的に身体を震わせる、という自分自身の活動によって、驚きの感情と、周りを見渡すという振る舞いが触発される、といった自己触発は、ごく自然に、自分でも明確に意識されない仕方でしばしば生じている。

以上のように、意識の明確な対象とならないままに、潜在的に生じている自己触発であるが、自己触発されている自分自身のあり方が感知されやすい具体例として、次のような日常的な経験があげられる。

誰かに対して怒りの感情を表わし始めると、はじめは冷静さを保っていたにもかかわらず、怒り始めた自分自身の活動によって、さらに怒りが増し、感情を抑えきれなくなってしまう。これも、怒りの対象から触発されて怒っているだけではなく、怒っている自分自身の活動によって、怒りがさらに触発されているという意味で、典型的な自己触発である。

合唱やカラオケで歌う時、歌い続けることによって身体的な心地良さも増すと同時に、感情も徐々に昂まってくることがある。この場合にも、歌うという自分の活動によって、気持ちが徐々に入って声に抑揚がついたり、表情が変わったり、思わず身ぶり手ぶりがついてくるといった仕方で、自分自身が触発されているため、自己触発が生じている。

ただし、歌を歌うことがあまり好きではなかったり、苦痛であるような場合には、声がしだいに小さくなったり、無表情になって口を閉ざしてしまうといったように、逆に身体的苦痛や否定的な感情を生みだすような自己触発もある。

以上のことからすれば、先にあげたような、「ガタン、ゴトン」と自分の身体を動かすことを楽しんでいる一歳児も、自分の身体の動きに自己触発されていることになる。はじめは自分が見た電車の象徴として自分の身体を動かしていたが、身体を動かすこと自体がしだいに楽しくなり、電車とは関係なく身体を揺らし続けるのは、こうした自分の身体の動きに自己触発されているからである。

転んで膝を少し擦り剥いてしまった子どもが、はじめは泣いていなかったにもかかわらず、親があわててかけよって、「大丈夫?」と声をかけたことで、泣きだす、といったこともよくある。この場合、子どもは、傷が痛いから泣いたわけではなく、親の気をひこうと思って泣いたわけでもないことが多い。泣きだした子どもは、自分のことを心配して飛んできてくれた親の言葉や関わりを自分自身の身体で感じることで、転んでびっくりしている自分や親から心配されている自分を、まさしく自分のこととして改めて感知することにより、自分自身が触発されることになる。この場合は、親のそうした関わりによって自己触発されることで、感情が一気に発露して思わず泣きだしたことになる。

さらには、泣きだした子どもは、今度は自分の泣きだした行為によってさらに自己触発されることになり、泣き声がさらに大きくなる、といったことも起こる。そうかと思えば、泣いていたにもかかわらず、散歩をしていたイヌを見つけ、「ワンワン！」と言いながら指をさし、笑顔で手を振るというように、ささいなきっかけで、笑顔になることもある。これも、イヌを見つけたという行為が、子どもの気分を変えているのであり、イヌを見つけたという、自分の活動に自分自身が触発されることによって、感情が大きく変化していることを示している。

以上のように、特に年齢が低ければ低いほど、そのつどの現在をより重視するあり方をしているために、そのつどの現在における自分の活動によって自己触発されやすい。また、自己触発されたことで生じる意識のわずかな淀みや変化に敏感であり、それらが感情や振る舞いに直接表われやすい。だからこそ、泣いていたかと思えばすぐに笑顔になったり、笑っていたかと思えば怒りだしたりと、おとなからすれば脈絡がないようにも見えるほど、子どもの気分はころころと変化する。

自己触発という観点からすれば、先にあげた事例で、走り回ることを楽しんでいた4歳児の子どもたちも、走るという自分自身の活動によって自己触発され、追いかけることになった経緯や、追いかけることを妥当ならしめるような設定を気にすることよりも、走る楽しさを何よりも味わっていたことになる。走り続けることでさらに自己触発されて、より一層感情が昂まっていったのである。

さらに言えば、前の章で明らかにしたように、「変身！」という言葉や、バタンと倒れる振る舞いが、いわゆる呪文のような効果をもち、遊びを生き生きとさせるのも、自分のこうした発話や振る舞いに当の子ども自身が自己触発されているからであろう。

以上で明らかにしてきたように、自分の身体を動かすことにともなう自己触発が子どもたちの感情や活動に大きな影響を与えており、しかもこの章の第1節で示したように、子どもたちは身体を動かすことを楽しんでいるならば、その時の子どもたちは何をどのように楽しんでいるのだろうか。次の節では、このことについて探ってみたい。

第3節　身体感覚の変化による楽しさ

走り回っていた子どもたちの事例で典型的であるように、身体の動きにともなう自己触発は、動きが大きければ大きいほどより強く感じられやすい。このことは、おとなが子どもの身体をぐるぐると回したり、さかさまにしたりして遊ぶと、言葉を獲得していない子どももキャッキャッと声を出して喜ぶ、といった姿からも容易に明らかとなる。また、動きが大きければ大きいほど、その動きによる触発も直接感じられやすいために、快感につながることも多い。

しかし、この章の冒頭でもごっこ遊びの例であげたように、大きな動きだけが身体的快感を生みだすわけではない。

女児が、お姫様のような恰好をして、可愛らしい声を出したり、上品な口調で話したり、いそいそと歩いたり、踊ったり、といった振る舞いをしたりする場合にも、そうした自分自身の動きに身体的な心地良さを感じることができる。大きな動きではないが、こうしたいわゆる可愛さやおしとやかさを表わすような自分の発話や振る舞いに自己触発され、自分自身がさらに可愛く、おしとやかな存在になったかのような身体的な心地良さを感じているはずである。

こうした子どもたちは、先ほどの男児たちとは異なり、お姫様になりきることを楽しんでいる。では、お姫様になりきることと、ままごとで母親になりきることは同じあり方だろうか。

たとえばままごとで、「あなた、食事をしながら新聞を読むのはやめてくださる!?」などと、母親の想いを自分の想いとするような仕方で、母親になりきることを楽しんでいる子どもは、母親のこうした身体的な動きを楽しさの拠りどころとしているわけではなく、第3章の第3節で探ったように、母親の想いを再現すること、つまり模倣を通して、母親のあり方を再認識することを楽しんでいるのであった。

他方、お姫様になっている子どもたちは、お姫様の想いを再現してお姫様のあり方を再認識して楽しんでいるのではない。というのは、第4章で模倣と真似との違いについて明らかにしたように、戦隊モノのヒーローなどと同様、お姫様ごっこを楽しんでいる子どもたちは、お姫様の服装や振る舞いなどの特徴を再現すること、つまり、お姫様の真似をすることを楽しんでいるからである。しかも、第6章で拠りどころとした指標という観点からすれば、可愛らしい声や、上品な口調、いそいそとした歩き方といったことは、お姫様を真似するうえでのお姫様の存在を指し示す指標となっている。しかし、可愛らしい声や、上品な口調、いそいそとした歩き方といった指標は、自分の身体の動きによって初めて自分自身にも示され、捉えられる。それゆえに、お姫様を真似している子どもたちは、お姫様の存在を確実なものにするための指標として、お姫様らしい身体の動きにこだわると同時に、お姫様らしい自分の動きに自己触発されて、よりお姫様らしい存在になるような言動や振る舞いがさらに誘発されることになる。つまり、お姫様の真似を楽しんでいる子どもたちは、お姫様らしい言葉遣いや振る舞いをする自分自身を楽しんでいるのであり、自分の身体の動きによってお姫様としての自分自身が自己触発され続けることを楽しんでいることになる。

このことからすれば、第4章の第3節で示した、真似をすることによる、自分の身体を動かす楽しさ、何かしらの魅力を感じた動きを再現する楽しさは、自分の身体のこうした動きによって自己触発される楽しさにつながることになる。模倣と真似という観点からすれば、模倣よりも真似である場合に、自分の身体を動かすことによるこうした自己触発の楽しさが、子どもたちにとってより強く感じられ、その遊びの魅力となっていると同時に、遊びが続いていく背景ともなっているはずである。

さらには、ごっこ遊びの場合だけではなく、一般的に指先遊びとも言われるような、紙をビリビリと破ったり、積木を積んだり、小さいものをつまんだり、ひもを通したりといった、指先の小さな動きでも、自己触発による楽しさは生じているはずである。こうした遊びは、一歳くらいの子どもでも行なうが、紙をビリビリと破って何かを作ったり、ヒモ通しをして作品を作ったりといったことをめざしているのではない。むしろ、指先の細かい動き自体が楽しく、この動きによって自分自身が自己触発されるため、何度も繰り返して行なうのであろう。

アヤ取りや折り紙、パズルやプラモデル、編み物などでも、より一層の細かい複雑な指先の動きが要求される。このような活動における細かい動きの繰り返しも、ある種の身体的快感を生みだしているはずである。ただし、ここにあげたような活動では、できた作品の精度や、作品が完成したことによる満足感も強く生じるために、こうした遊びによって生じた喜びが自己触発をともなう身体的快感によるものである、とはかぎらない。

しかし、編み物に夢中になっている時には、完成形を意識するというよりも、編み棒で毛糸を順番に取っていくという、指先の小さな動きの繰り返しに没頭していることが多い。このことからすれば、指先のそうした小さな動きも自己触発となり、そうした動きに触発されて、編み物にさらに没頭していく、といったことが生じていることになる。

以上で明らかにしたように、自分の身体を動かすことを楽しむことは、非常に多岐にわたっている。特に子どもの場合には、自分の身体を動かすことは遊びと密接につながっており、両者を切り離してしまえば、こうした遊びにおける子どもたちのあり方に迫ることはできない。

たしかに、第9章で詳しく探ったように、遊びではなく、たとえば競技としてサッカーを楽しむような場合でも、遊びと同様、身体を動かすことである程度の充実感は得られる。しかし、競技としてのサッカーの場合には、勝つことやゴールを決めることが最終目標となっているのであった。よって、身体の動きという観点からすれば、走り回ったり、ボールを蹴ったりと、大きな動きを継続していたとしても、負けた場合や、点を決められない場合には、満足できないことも多い。

そのため、勝利やゴールを決めるといった最終目標を達成し、楽しさや満足感を得るためには、今よりも強いキックをしたり、正確なパスをだしたりといった、より高い身体技能を獲得しようとする。こうした場合、たとえ幼児の場合であっても、強いキックや正確なパスを自分のものとするために、キックやパスだけを取りだして、練習したり、繰り返したりすることにより、より高い身体技能の獲得をめざす、といったことを自らしようとすることもある。

では、より高い身体技能を獲得することは、遊びとは異なることであろうか。

遊びの場合であっても、新しい身体技能を獲得しないままでは、同じ身体感覚の繰り返しとなり、満足しなくなり、つまらなくなってしまう。ブランコや一輪車や縄跳びでも、その遊びをより楽しむために難しい技にしだいに挑戦することは、かなりの頻度で行なわれる。このように、高い身体技能の獲得がめざされることは、遊びでもしばしばある。

たしかに、新しい身体技能を獲得するにあたって、ある身体動作を取りだした練習を求められ、獲得されるまでにつまらなさや辛さを感じる場合もあるだろう。しかし、より強いキックができるようにと、ボールを繰り返し蹴ることを練習するような場合も、強く蹴ること自体が楽しくなり、いつのまにか遊びになっていくこともある。

誰からも強制されていないのに、「今日も一輪車の練習する！」と嬉しそうに一輪車のところまで駆けていき、ジャングルジムにつかまりながら、何日も繰り返し練習する子どもたちの姿もよく見られる。こうした子どもたちからは、「○日に一輪車のテストがあるから乗れるようにならなきゃ」「乗れないと仲間はずれにされてしまう」、といった危機感や必死さは感じられない。むしろ、穏やかな雰囲気のもとで、遊びとして楽しそうに取り組んでいることが多い。こうしたことからすれば、そうした子どもたちは、一輪車に乗れるようになるまでの身体感覚の変化を楽しんでいることになる。

以上のことからすれば、新しい身体技能を獲得することは、自分の身体感覚の変化を楽しむという点において、遊びと連続したものとみなせる場合がかなりあることになる。

首が据わって寝返りが初めてできた乳児であれば、寝返りをすることで生じる自分の身体感覚の変化が心地良いため、繰り返し寝返りをするだろうし、しばらくすると、寝返りをするだけではおもしろくなくなることがある。第7章で明らかにしたように、身体感覚の変化を遊びとして楽しむことは、身体の動きを獲得し、確立していく時期にある乳児のこうした姿からも容易に読み取ることができる。

幼児であれば、砂場でバケツに水を入れて運ぶことを繰り返す子どもたちが、バケツに入れる水の量をしだいに多くする姿がしばしば見られる。こうした場合、「重いから少しずつにしよう」「手伝おうか」などと保育者が声をかけても、「いやだ」、と拒否する子どもが多い。こうした子どもは、バケツに水を入れて運ぶことが目的ではなく、また重いものを持てるようになった自分を見てほしいわけでもなく、重いものを持っている時の自分の身体感覚を、または重いバケツを降ろした時に急に軽くなる自分の身体感覚を楽しんでいるのではないだろうか。

身体感覚のこのような変化を楽しんでいる子どもたちの場合にも、重いバケツを運ぶ際に生じる自分の身体感覚が自分自身を自己触発している、というように、自己触発という観点からも、子どものあり方に迫れるはずである。というのも、自己触発されているがゆえに、目的が達成されなくとも、または目的がなくとも、その行為自体を繰り返し行なうからであり、自己触発されることを心地良く感じ、満足感を得ているはずだからである。

幼稚園や保育所の集まりなどで、飽きてきた子どもたちが行なう、いわゆる手なぐさみも、ある意味では、自分の身体を動かすことで自分に刺激を与え、つまらなさや退屈さをまぎらわしているという点では、自己触発とみなせ、身体感覚の変化を楽しんでいることになる。先に述べたように、子どもたちにとっては、じっとしていることの方が困難であり、自分の身体や指先を自然と動かすことによって、自分自身が自己触発されることで、じっとしていることから生じるつまらなさや退屈さから、場合によっては、じっとしていることによる身体的苦痛から逃れているのではないだろうか。

こうしたことからは、子どもたちにおいては、むしろつまらなさや退屈さや身体的苦痛によって自分自身が自己触発されているからこそ、手なぐさみなどが生じる、ということが導かれる。つまらなさや退屈さや身体的苦痛を感じている自分自身のあり方を敏感に感じ取り、そうした自分のあり方に自己触発されて、自分の身体や指先を動かすことで身体感覚に変化を生じさせ、その動きがさらなる自己触発を生みだしていることになる。

すると、こうした子どもたちは、そのつどの現在における自分のあり方を敏感に感じ取る力をそなえているうえに、自分自身に感知されているつまらなさや退屈さや苦痛に自分をさし向け、自分自身の身体感覚を変化させるというあり方で、自分を何とかして保とうとしていることになる。

他方、表情も乏しく、身体にも程よい緊張が感じられず、グニャリと椅子に身体を預けて、まさしく座っているだけ、といった子どももいる。こうした子どもは、つまらなさや退屈さによって自分自身が自己触発されていないのではないだろうか。つまり、退屈さやつまらなさや苦痛を感じている自分のあり方さえも感じていないあり方、自分から意識と身体が遠ざかっている、とでもいうようなあり方であり、これは、手なぐさみをしたり、立ちあがることにともなう身体感覚の変化や、自己触発の可能性にも開かれていないあり方である。こうした子どもは、座っているから「良い子」では決してなく、ある意味では、席を立ったり、別のことをしたりする子どもよりも、大きな課題を抱えているのではないだろうか。

注

[1] 自己触発という言葉は、フッサールにおける次のような潜在的な意識の作用を示すために、ヘルトによって命名された言葉である（vgl., Held, S. 111, 156頁参照）。

フッサールは、私が何らかの対象に向かっている時には、私自身とも関わっているとし、次のように言う。「自我としての私は触発されている、〔何らかの対象に〕自分をさし向けつつ、あれこれの能動性において〔その対象に〕従事しながら、私はある仕方で、あれこれと能動的であった私と関わり合っている」（Husserl, 1933, S.8）、と。この引用文中の触発という言葉は、「私は彼の発言に触発された」、という言い方で日常的に理解されている事態を、現象学の立場からさらに深めるための言葉である。たとえば、私が美しい景色を見て感動している時、私は、風景という対象に自分の意識をさし向けていることになる。このことを対象である風景の側から述べれば、それが私の意識を引きつけていると、つまり私を触発している、と言える。しかし、この時の私は、風景の美しさによってのみ触発されているだけではない。しばらくのあいだその風景に魅了されていると、風景自体は全く変化しないのに、私の感動はしだいに昂まってくることがある。すると、この時の私は、風景によって触発されているだけではなく、さらに同時に、私が風景を見ている、という私の能動的な意識の働きによっても受動的に触発されていることになる。いわば、感動している私が、感動すること自体によってもさらに触発されることにより、感動は一層昂まってくることになる。

自分による自分自身へのこうした触発は、風景からの触発ほどには、私にとって明確でもなければ、反省によっても捉えられない。しかし、風景自体には何の変化も見られないかぎり、風景を見続けている私の能動的な意識の働きが、自分には気づかれない仕方で、つまり潜在的な仕方で私の感動を時間の経過に沿って昂め続けることになる。こうしたことから、ヘルトは、フッサールの先の引用文で記述されている意識のあり方を自己触発という言葉で示したのであろう。

こうした自己触発は、本文でも述べられるように、ある身体活動を繰り返したり、ある一定時間続けたりすることによって、身体的な心地良さや快感を得られるという、私たちの日常的な体験にいくらかでも敏感になりさえすれば、誰にでも感知されうるはずである。

第13章　遊びにおける充実感

〔自分自身の欠如に対し、〕甘受された、あるいは耐え忍ばれた根源的な関係が、……感受性の根拠である。

(Sartre, 1943, p.249, 474頁)

前の章では、身体の動きに焦点を当てながら、自己触発や身体感覚の変化を楽しむ子どもたちの多様なあり方について探った。この章では、楽しさとはどのようなことであるかについて、改めて探ってみたい。

前の章の最後にあげた例で言えば、砂場でバケツに水を入れて運ぶ際の身体感覚を心地良く感じている時の子どもの楽しさと、砂場で真剣な表情で山を作っている時の子どもの楽しさは同質であろうか。また、ままごとで母親になりきっている子どもと、お姫様になってお姫様らしい動きをしている子どもの楽しさ、さらには、サッカーを遊びとして行なっている子どもと、競技として取り組んでいる子どもの楽しさの場合はどうであろうか。さらにまた、幼稚園の帰りの会で座って待っているあいだに、隣りに座っている仲間とカバンを引っ張り合っている時の楽しさはどうであろうか。

このような例をあげてみると、子どもの姿を「生き生きとして楽しそうだ」と表現することはよくあるが、楽しさの中身はそれほど単純ではないことがわかる。そのすべてを明らかにすることはできないが、この章では、楽しさに充実感や充足感がともなわれているかどうかという観点から、子どもたちが味わっている楽しさの内実を問い直すことをしてみたい。

そのためにまず第1節では、充実感や充足感といった言葉の内実について考察する。第2節では、欠如と関わらせながら、充実感や充足感が自分の可能性を実現することと密接に関わっていることを明らかにし、子どもたちが遊びにおいて自分の可能性をどのように実現しているかを探る。そのうえで第3節では、子どもたちが体験する充実感がかなり多様で豊かであることについて、明らかにしたい。

第1節　充実感と充足感

充実という日本語は、広辞苑によれば、「中身がいっぱい入っていること。内容が満ちて豊富なこと」であり、文字通りに取れば、「①内容のあること。内容。中身。②まこと、本当。③まごころ。④成果」という意味をもつ「実」を「充たす」ことであり、「充たす」には、「①満ちるようにする。いっぱいにする。②達成する、果たす。③満足する」、という意味がある。[1]

ただし、「充実感」という言葉は、日常的には、以上のような「中身がいっぱい入っていること。内容が満ちて豊富なこと」という意味で充実した感覚を抱くことではなく、自分の可能性を実現できたことに満足する、といった感覚のもとで用いられることがむしろ多い。たとえば、ある仕事を成し遂げた時に、「充実感が得られた」という表現が使われるのは、自分が集中して取り組めた感触を抱くことができ、達成するにあたって多少の困難やそれに応じた自分の努力があった場合が多い。逆に言えば、片手間に行なった仕事であったり、仕事の目標が簡単に達成できたりした場合には、成果は得られたとしても、「充実感が得られた」とは、さほど表現しないはずである。

さらには、「目標としていた金メダルは取れなかったけれども、今までで一番いい戦いでした」といった言葉で代表されるように、目標を達成できなかった場合であっても、充実感は得られる。すると、充実感とは、目標を達成したことに対する満足感ではなく、自分の可能性を存分に発揮することができた感覚、そのことによって自分の存在が満ち足りているような感覚のことである、ということになる。逆に、目標が達成されても空虚さや退屈さが感じられる場合には、充実していた、とは捉えられないはずである。

また、充実の同義語として用いられる、充足は、「十分に満たすこと。満ち足りること」、といった意味である。[2]「食糧の充足率が低い」「精神の充足を求める」「自己充足感」といった表現からも窺えるように、数量などが必要なだけ十分にあることだけではなく、自分の存在が全体として満たされているかどうか、といった感覚を表わす表現としても、広く用いられている。

しかし、人間は、自分の存在が満ち足りているような感覚にとどまり続けること、つまり、完全な充足状態を維持することはできないことも、また事実である。

たとえば、どれほどおいしい食事をとり、美食感と満腹感が十分に充足されても、こうした充足感は、時間がたてば消え失せてしまい、さらにおいしいものを食べたくなったり、空腹感に陥ったりすることになってしまう。たとえどれほど長時間の睡眠をとったとしても、一定の時間が経過すれば、眠気に襲われることに、つまり一時的ながらも睡眠不足という不充足感に襲われてしまう。乳児の場合であれば、空腹になったら泣く、お腹がいっぱいになって満足して眠る、母親がいないことで泣く、母親に抱かれることで満足して眠るといった、終わることのない繰り返しが、典型的な例としてあげられる。

以上のような基本的で日常的な生活習慣に関わることだけではなく、快適な生活を送りたい、自分の理想を実現したいといった、人生の目標に関わる場合でも、それらが一旦実現されると、さらに快適な生活を送りたい、自分の理想をさらに高くしたい、というような新たな不充足感が生じてくる。

こうしたたえざる不充足感に晒されているという現実の人間のあり方から導かれることは、私たち人間は、この世に存在しているかぎり、そのつどの不充足感によって実感されるような欠如を常にそなえている、ということである。

サルトルは、こうした人間のあり方を、「現実の人間が存在していることのなかには欠如がある」[3]とし、人間は欠如を常にそなえている存在である、という。

では、私たち人間が欠如を常にそなえていることは、充実感や充足感とどのようにつながっているのだろうか。次の節では、可能性を実現するという観点からこのつながりを明らかにすることによって、遊びにおける子どもの可能性の実現と、その際に得られる充実感について探ることにしたい。

第2節　可能性の実現と充実感

そもそも私たち人間は、欠如を常に抱えているからこそ、いまだ実現できていないことを実現する可能性に開かれたあり方をしている。欠如があるからこそ、その欠如を満たすべく、新たな可能性が自分のなかに生まれ、その可能性を実現していくことができるのである。

日常生活で言えば、空腹という欠如状態にあるからこそ、食事をするということが可能になり、一時的な睡眠不足状態にあるからこそ、睡眠することが可能になる。

こうしたことは、仕事の場合でも同様である。幼稚園に勤める保育者は、夏休みが始まって子どもが幼稚園に来ない日が続くと、保育のあわただしさから解放され、会議や書類の整理などに時間を割けることによって、充足した感覚を一旦は覚えるだろう。しかし、一週間もすると、静かな幼稚園の空間に欠如を感じるようになり、子どもと関わらない状態に不充足感を覚えていくようになる。この場合は、子どもがいない、子どもと関わることがないという欠如状態にあるがゆえに、二学期に子どもたちを迎えて保育を実現していくという自分の可能性が生まれ、その可能性が実現されることを心待ちにすることになる。また、仕事であわただしい日々を送っている時には、休みの日は家でゆっくりしたいけれども、今はできない、といった欠如状態にあるからこそ、その可能性が実現できるよう、仕事に精をだすことになる。

ただし、ここで注意しなければならないのは、サルトルを引用しながら述べたように、人間は、現実に存在しているかぎり、常に何かしらの欠如を抱いており、たとえ一時のあいだ充足した状態になったとしても、さらに高い目標や新たに別の望みが生じ、欠如状態を逃れたとしても再び欠如感に晒される、ということである。それゆえに、欠如がすべて満たされた状態であり続けることはありえない。

新たな欠如が生じることで、新たな可能性が生まれ、その可能性を実現していく、という終わることのない営みは、人間がその時々の自分がおかれている状態を常に超えでていく営みでもある。サルトル自身、このような人間の営みを、「現実の人間〔として存在すること〕は、自分に欠けているものへと向かって自分自身を〔たえず〕超えでていくこと」[4]、としている。

こうしたことは、食事や睡眠といった、いわゆる基本的で日常的な生活習慣に関する場合にのみ生じるわけではない。保育者として働く以上、「最近、帰りの集まりがざわついた雰囲気になってしまっている。明日の帰りの集まりは落ち着いた時間になるようにしたい」とか、「来月の運動会を成功させるためには」といった保育目標や課題、「水遊びの楽しさを経験してほしい」とか、「自分の想いを言葉で伝えられるようになってほしい」といった子どもへの願いは、尽きることがない。このように、今現在は満たされていない、といった意味での欠如から生じる目標や願いに応じて、保育のさらなる新たな可能性が生まれてくる。保育者は、こうした可能性の実現へと向かう営みのなかで、手ごたえをつかんだり、自分自身の成長を感じ、充実感や充足感を得ることになる。

以上のことからすれば、欠如状態から生じる目標や願いは、自分自身の新たな可能性を切り拓くものであり、新たな自分のそうした可能性を実現する営みを通して、それまでの自分を超えでたという感覚が、充実感や充足感という言葉で捉えられる、ということが導かれることになる。

それどころか、欠如により生じた可能性を実現し、自分を超えでていく営みを続けていくという現実の人間についての捉え方は、遊びにおける子どものあり方をより深い次元で捉える観点ともなりえる。というのは、これまで探ってきたように、子どもたちは、遊びのなかで生じた様々な自分の可能性を実現することに楽しさを見出し、充実感や満足感を得ているからである。

特に遊びの場合は、めざすべき完全な全体像や明確な到達目標がないことについては、すでに何度か指摘した。遊びは、競技とは異なり、目標が達成されれば終わるのではなく、たえず繰り返される。鬼ごっこであれば、鬼の子どもが誰かにタッチをしたとしても、そこで遊びは終わるのではなく、今度は鬼が交代して、またそこから新たに遊びが始まるのである。

このことを可能性という観点から言いかえれば、次のようになる。鬼になった子どもは、誰かを追いかけてタッチをしなければならないけれども、今はタッチをできていないといった、ある意味で欠如状態におかれると同時に、鬼として誰かにタッチをすることができる、という可能性を引き受けることになる。しかし、タッチのできそうにもない状態がかなり長く続くと、その可能性が実現されそうもないと感じ、欠如状態にとどまったまま、充実感や充足感が得られず、つまらなくなってしまう。逆に、いとも簡単にタッチができてしまい、可能性が容易に実現されるだけでは、それまでの自分自身を超えでたとは感じられず、楽しくなくなってしまう。

ままごとなどのごっこ遊びでも、どこが遊びの終着点であるのかがあらかじめ決まっているわけではなく、相手や状況に応じて自分の言動や振る舞いを調整しながら、そのつどいわばアドリブで遊びが展開していく。こうした意味で、ごっこ遊びは様々な展開に開かれているのであり、自分の様々な可能性を実現していく過程そのものがごっこの魅力ともなっている。

このことを、ままごとで、たとえば、「お母さんお腹すいた」と子ども役に言われ、食事を作ることになった場合で考えてみたい。

「お母さんお腹すいた」という言葉がなげかけられた時点では、母親役の女児は食事を作っていない。ゆえに、彼女は、この言葉によって、食事を作っていないことがまさに欠如として、彼女自身に捉えられることになる。この欠如と共に、母親として食事を作る、という可能性が女児のなかに生じる。ゆえに、母親役の女児は、「わかったわ。すぐにごはん作るからね！」と言い、エプロンを身に着けたり、オタマで鍋をかきまわしたりするなど、料理を作る模倣をし始める。さらに、「もうすぐごはんできるから、手を洗って座って待っててね」などといった言葉を続けることで、食事を作る母親という可能性を実現し続けていくことを楽しむことになる。

料理ができた後に、子ども役の子どもが「私ピーマン嫌い！」などと言えば、今度は、子どもがピーマンを食べないことが欠如として捉えられることになる。そして、ピーマンを食べさせる可能性を実現するために、「一口でいいから食べなさい」「ピーマン食べると元気になるよ」などといった言葉で母親を模倣したり、「今日のピーマンはアイスクリームの味がするんだよ」、と想像の世界を創造するという、いわゆるアドリブでのやりとりが続いていく。

身に着けたかったエプロンがすでに他の子どもに使われていたりして見つからないなど、いわゆるハプニング的に生じた欠如に直面したとしても、「エプロン洗濯中だからしかたないわね」などという設定を新たに追加するなど、こうした欠如に対応するために必要な可能性を子どもたちなりに工夫して考え、見事な仕方で実現していくことも多い。

このように、どのような欠如が生じ、どのような可能性を引き受けることになるかが予想できないところに、こうした遊びの魅力や楽しさがある。と同時に、こうした可能性をたえまなく実現していく過程が、まさしく自己を超えでていく営みとなっているのである。

制作場面でも、次のような解釈ができる。たとえば、第8章で取りあげた段ボールでタクシーを作っていた男児たちの事例では、男児たちはタクシーのハンドルを動かすことにこだわっていた。彼らは、ハンドルが動かないことで生じた支障を、サルトルの言う意味での欠如と捉え、ハンドルを動かすという可能性を何とかして実現しようと試行錯誤していた。「(動かなくても)いいんじゃない？」といったタカヒロに対し、ユウタは、「動いた方がいいじゃん」と言い、何とかして動かそうと努力していた。結果としては、担任保育者のアドバイスを得てではあるが、ハンドルを動かすという可能性を実現することができた。実際に動くハンドルを手にしたユウタたちは、「動くー！」「すげぇ、すげぇ！　俺にもやらせて」と興奮しつつ言い、運転席に座って繰り返しハンドルを動かし、「おいケンタロウ！　これ動くぞ！」、と仲間にも嬉しそうに伝えていた。この事例でのユウタたちは、充実感や満足感と共に、まさしくこれまでの自分自身を超えでたような感覚を覚え、自信をもつことができたはずである。

以上のことをサルトルの言葉で言えば、現実の人間としての子どもは、そのつど生じる欠如を超え、自分の可能性を実現させていくという営みを、遊ぶなかでたえまなく続けている、ということになる。さらには、自分の可能性を実現していくことで新たな世界を創造し、自分に欠けているものへと向かって自分自身をたえず超えでていくことに、充実感や充足感を得ていることにもなる。

これまで繰り返し述べてきたように、遊びは、あらかじめ定められた全体像へ到達することが目的ではなく、自分に欠けているものがたとえ一旦満たされ、全体像と自分の存在が一致したとしても、その時点で遊びが終わるわけではない、といった本質的な特徴をそなえている。それゆえに、自分に欠けているものへと向かって自分自身をたえず超えでていくという、サルトルが述べるような現実の人間に本質的なあり方は、遊びを純粋に、かつ真剣に楽しんでいる子どものあり方を探ることによって、より実感をもってその奥深さと豊かさに迫ることを導いてくれることになる。

そこで、様々な遊びにおける子どもたちのあり方に焦点を当てながら、子どもたちが遊びのなかで得ている充実感や充足感について、次の節で、さらに探ってみたい。

第3節　充実感における豊かさの多様性

まずは、ごっこ遊びに代表されるような、自分たちの想像によって遊びの世界が創造されていくことを楽しむ遊びを取りあげる。

先に述べたように、こうした遊びでは、子どもたちは自分の欠如をそのつど超えでていくといった仕方で、遊びの世界を創造し続けているのであった。つまり、ごっこ遊びが楽しいあいだは、自分の存在が際限なく延び拡げられていくといったあり方で、自分自身をたえず超えていくことになるために、充実したあり方になっているはずである。

たとえば、第3章で探ったままごとの事例では、娘役のユキエは、ままごとのなかの父親と一緒に食べる大切なケーキを作り続け、「お父さんだけ仕事大変だから」と言い、父親役のルミコに向けてケーキをふるまっていた。「今日〔お父さんと〕二人っきりでごはん食べるんだー！」「いつも赤ちゃんばっかりおみやげあるから、私にだけ何か欲しい！」などと、自分の現実の生活における想いや希望を交差させつつ、ままごとでの娘役を彼女なりの仕方で実現しながら、欠如ゆえに開かれてくる可能性を実現するという仕方で、想像の世界を創造していた。さらには、「赤ちゃん一人で食べれるのね。ゼロ歳だけど」などと、現実の世界ではありえないことでさえ、想像力によって遊びの世界では妥当な状況になるようにと、彼女なりのこだわりをもって遊びを進めていた。このようなユキエの姿からは、自分たちの想像によってままごとの世界を創造し、その世界にとどまり続けることによって、まさに自分の可能性を実現していることが、つまり、ままごとの世界を真に楽しめるようにと、自分の存在が延び拡げられていくことを楽しんでいる様子が十分に窺える。

他方、同じようにままごとをして遊んでいるかのように見えても、「もっとこうしたい」といった想いやこだわりが生じず、たとえば、鍋の中にケーキの遊具もサカナの遊具も一緒に入れて、とりあえずかき混ぜていたかと思えば、突然靴を履き替え始め、鍋はそのままにして、外に勢いよく出て行ったけれども、園庭をあちこち所在なさげに移動し、結局また部屋に戻ってくる、といった子どもたちの姿もある。こうした子どもたちは、そのつどはたとえ笑顔が見られたとしても、自分の可能性を実現していくことや、自分の存在が延び拡げられることを楽しむというよりは、一時の空虚さや退屈さを埋めるために、とりあえず身体を動かしたり、物に関わったりすることによって、ほんの一時的な楽しさを得ようとしているのではないだろうか。こうした場合は、自分の可能性が実現されるには至っておらず、欠如は欠如としてとどまったままであり、自己を超えでて延び拡げられていくことがないため、充実している、とはみなせない。

しかしながら、こうした子どもたちも、自分の可能性が実現されるあり方へと向けて様々なことを試し、「もっとこうしたい」といった想いが自分に生じる機会が訪れることを待っているかもしれない。そうであるならば、今現在は充実していないとしても、実現すべき可能性へと開かれたあり方をしているかもしれない。

また、第2章でも述べたように、特に年少児は、遊びが矢継ぎ早に変化し、現実には起こりえない展開、論理的にはつながりのない展開を見せることがよくある。しかし、脈絡がないように見えるこうした展開にあっても、子どもたちのなかでは遊びの世界が崩れておらず、先にあげた子どもたちのような空虚さや退屈さは感じられないことも多い。こうした子どもたちは、こだわりをもって遊びの世界をじっくりと創造し、自分の存在が延び拡げられていくことを楽しんでいるのではないだろうが、そのつど、真剣に、自分の可能性を実現することに全力を注いでいるはずである。また、「もっとこうしたい」「もっとおもしろくしたい、楽しくしたい」といった想いが、妥当性に対するこだわりを超えて生じ、欠如が次々と現われる事態になり、子どもたちはそのつど現われる欠如を充実させ、欠如状態を超えでようとしているかもしれない。そうだとすると、ままごととは異なり、じわじわと延び拡げられていくような充実ではないが、そのつどの今現在は充実していることになる。

前の章でも取りあげた、4歳児クラスの男児たちがケイジロウを追いかける事例で、子どもたちは、想像の世界を創造したり、想像の世界で何かになりきることによって生じる楽しさよりも、身体を動かすこと自体に楽しさを見出していた。この事例の子どもたちも、ままごととは異なり、こだわりをもって遊びの世界をじっくりと創造し、自分の存在が延び拡げられていくといった仕方で充実感を味わっているわけではない。しかし、彼らは、少なくとも、欠如が感じられないようにと、身体を大きく動かし続けることによって、自己を満たそうというあり方をしていたはずである。つまり、身体を動かし続けることが自分の可能性を実現することとなり、欠如が常に埋められ続ける状態が維持されるというあり方で、彼らは充実感を得続けていたはずである。

これらのことからすれば、砂場でバケツに水を入れて運ぶ際の身体感覚を楽しんでいる子どもも、身体感覚として感じられる欠如状態をそのつど埋めようとしているという観点からすれば、充実感を味わっているのかもしれない。ただし、その充実感は、真剣な表情で山を作っている子どものように、自分の可能性をこだわって実現することで、遊びの世界をじっくりと創造し、自分を超えでていくといった充実感とは異なる質をそなえていたはずである。

また、前の章で示したような、お姫様の真似をすること、お姫様らしい身体の動きをすることを楽しんでいる子どもたちは、お姫様になるためにそのつど生じる欠如をお姫様らしい服装や、自分の言動や振る舞いによって充足し続けるといった仕方で、お姫様になりきる可能性を実現させていることになる。つまり、現実の世界では年長児の女児であることを欠如として感じないように、お姫様らしい服装や振る舞いにこだわり続けることで、自分自身を充実させていることになる。さらには、お姫様やプリキュアの恰好をして、ダンスをして楽しむ子どももよく見られるが、こうした子どもは、身体を動かすことによって欠如を充実させることで、自分の可能性を実現させ、何かになりきる楽しさとは別の仕方でこうした遊びを楽しんでいることになるだろう。しかし、この時の充実は、ままごとで母親役の子どもが母親を模倣する場合とは異なり、自分の想いを超えた母親の想いを再現したり再確認したりする際に生じるような、自分の存在が延び拡げられていくといった仕方での充実とは異なっている。

以上のように、充実感の内実はそのつどの遊びに応じて異なっている。ただし、そのつどの欠如を超え、自分の可能性の実現が遊びの充実感となっていることは、ここまで取りあげた遊びのすべてに共通している。充実感が得られる場合には、自分が従事している行為に自分自身を少なからず没頭させること、傾けることから生じる真剣さや本気さが、これらの遊びにともなっているはずである。つまり、母親になりきる場合も、お姫様になって踊る場合も、誰かを追いかけて走り回る場合も、真剣に行ない続けることが、自分の可能性を実現することにつながっている。こうしたあり方は、空虚さや退屈さをまぎらわすあり方とは全く異なっているのである。

たとえば、幼稚園の帰りの会で座って待っているあいだに、隣りに座っている仲間とカバンを引っ張り合っている時は、真剣に遊んでいる場合とは異なり、自分の可能性を実現しているのではない。

こうした子どもは、たしかに楽しさは感じているかもしれない。ただし、こうした場でカバンを引っ張る行為は、「もっとこうしたい」というような、自分の存在に対する欠如を超えでるために可能性を実現していく行為ではなく、空虚さや退屈さや、じっとしていることによる身体的苦痛を埋めるために何となく始まった行為である場合がかなり多い。つまり、今現在感じられている、空虚さや退屈さや苦痛を身体的な刺激を得ることによってまぎらわすことで、とりあえず空虚さや退屈さや苦痛から逃れる、といったことにとどまっている場合がかなり多い。当然ながら、空虚さや退屈さや苦痛を埋めようと何となく始めたことが、自分の可能性を実現する行為として連続的に展開していく、ということもあるだろう。ただし、帰りの会や片づけの場合には、そうした行為に展開する前に、周りの仲間や保育者に注意を受けることの方が、現実の保育では多く生じざるをえない。

しかし、前の章の最後でも述べたように、空虚さや退屈さをまぎらわすあり方をしている子どもたちも、自分の身体を動かすことで自己触発されることによって、つまらなさをどうにかまぎらわそうとしていることからは、その時間を何とかして充実させたいという想いが感じられる。帰りの時間にカバンを引っ張ってみたり、足をバタバタさせたり、立ちあがってどこかへ行こうする子どもも、空虚さや退屈さとして感じられる欠如を埋めようと、いわばかりそめの可能性を実現しているにすぎないとしても、ある意味では、生き生きとしている。

やはり気になるのは、絵本を読んでも、手遊びをしても、保育者が子どもたち全員に話し始めても、おもしろそうでもつまらなそうでもなく、ただ無気力に座っているような子どもである。興味はあるけれども、集まりになると身体が動かない、といったことではなく、興味すらないような子どもである。こうした子どもは、自由に遊ぶ時間でも、楽しそうでもなく、つまらないことに困っているわけでもなく、時間をただやり過ごしているように感じられることが多い。この時の子どもは、欠如を自分自身の欠如として感じられず、欠如を感じないがゆえに、自分で実現していきたいと思うような可能性も生じていない状態にとどまっているだけになってしまう。

おとなであれば、終わりが見えない仕事に疲れて、精根尽き果てたといった時には、欠如も可能性も感じられない状態に陥ることもあるだろう。子どもも、体調が悪い時にはこうした状態に陥るであろうが、多少の熱でもプールに入りたがったり、寝ていたくない、遊びたい、と主張する子どもは多い。

こうしたことからすれば、生き生きとしているという言葉で子どものあり方が形容されるのは、子どもが、欠如を敏感に感知して様々な可能性を生みだし、それを何とかして実現しようと己の全存在を傾ける、といったことを常に行なっている場合である、ということが導かれる。だからこそ、可能性の実現が阻まれ、いかなる可能性も見出せなくなった時には、あたかもこの世の終わりとも言わんばかりに、子どもは、大泣きしたり、物を投げたり、誰かを叩いたりしたりして、やり場のない想いをぶつけたり、抵抗したりする。

たしかに、こうした子どものあり方は、多くの場合、生き生きとしている子どものあり方と対極にあるように思われてしまうかもしれない。しかし、こうしたあり方も、自分の可能性を実現したい想いの現われであるかぎり、やはり、欠如に対する感受性の豊かさの証ではないだろうか。それゆえ、こうしたあり方さえも、真剣さや本気さの現われであり、子どもの全存在をかけた、それゆえまさに子ども本来の健全さの現われである、とみなせるのではないだろうか。
また、可能性が実現できずに一旦は強く抵抗したとしても、次の可能性へと向けて自分をさし向けることができるのは、子どもが自分自身の可能性を見出し続けることができるからである。おとなの常識や認識を超えて、様々な可能性を生みだす子どもの柔軟さと、あらゆる可能性を実現しようとする子どものしなやかな行動力に、おとなも真剣に、本気で応じていく必要があるだろう。

注

［1］『広辞苑』第六版
［2］同書
［3］Sartre, 1943, p.131, ２３９頁
［4］Ibid., p.132, 同書２４２頁

Sartre. J.-P. 1938 : *Esquisse d'une théorie des émotions*, Hermann, 竹内芳郎訳「情緒論粗描」平井啓之・竹内芳郎訳『哲学論文集』人文書院1957.

Sartre, J-P. 1943 : *L'être et le néant*, Gallimard, 松浪信三郎訳『存在と無 I』人文書院 1956.

引用文献

Fink, E. 1957：Oase des Glücks, *Eugen Fink Gesamtausgabe 7*, 石原達二訳『遊戯の存在論』せりか書房1971.

Fink, E. 1960：Spiel als Weltsymbol, *Eugen Fink Gesamtausgabe 7*, 千田義光訳『遊び』せりか書房1976.

Fröbel, F. 1966a：*Friedrich Fröbel's gesammelte pädagogische Schriften Abt.1. (Bd.1)*, hrsg. von Wichard Lange, Biblio Verlag.

Fröbel, F. 1966b：*Friedrich Fröbel's gesammelte pädagogische Schriften Abt.1. (Bd.2)*, hrsg. von Wichard Lange, Biblio Verlag.

フレーベル, F. 1976：小原國芳・庄司雅子監修『フレーベル全集第二巻 人の教育』玉川大学出版部

フレーベル, F. 1977：小原國芳・庄司雅子監修『フレーベル全集第三巻 教育論文集』玉川大学出版部

Gadamer, H.-G. 1975：*Wahrheit und Methode*, J.C.B.Mohr (Paul Siebeck), 轡田収他訳『真理と方法Ⅰ』法政大学出版局1986.

Held, K. 1966：*Lebendige Gegenwart*, Martinus Nijhoff, 新田義弘他訳『生き生きした現在』北斗出版1988.

ホイジンガ, J. 1971：高橋英夫訳『ホモ・ルーデンス』中央公論社

Husserl, E. 1901：*Logische Untersuchungen II/ 1,* Max Niemeyer, 立松弘孝他訳『論理学研究２』みすず書房1970.

Husserl, E. 1933：Ms. AV5, S.8〔ケルン大学フッサール文庫所蔵の遺稿〕

Husserl, E. 1976：*Die Krisis der europäischen Wissenschaften und die transzendentale Phänomenologie*, Martinus Nijhoff 細谷恒夫・木田元訳『ヨーロッパ諸学の危機と超越論的現象学』中央公論社1974.

『広辞苑』2008：新村出編『第六版』岩波書店

Merleau-Ponty, M. 1945：*Phénoménologie de la perception*, Gallimard, 竹内芳郎・小木貞孝訳『知覚の現象学1』みすず書房 1967.

Merleau-Ponty, M. 1953：*Les relation avec autrui chez l'enfant*, Res cours de Sorbonne, Centre de Documentation Universitaire, 滝浦静雄・木田元訳「幼児の対人関係」『眼と精神』みすず書房1966.

著者紹介

中田　基昭（なかだ　もとあき）【「はじめに」・「原典に基づく注」担当】
1948年　東京に生まれる
1980年　東京大学大学院教育学研究科博士課程修了（教育学博士）
現　在　岡崎女子大学・教授、東京大学名誉教授

主要著書

『子どもの心を探る』（創元社 2011）、『子どもから学ぶ教育学』（東京大学出版会 2013）、『子育てと感受性』（創元社 2014）

大岩　みちの（おおいわ みちの）【「第1章」担当】
1955年　岩手に生まれる
1977年　愛知教育大学教育学部卒業
1977年～1987年　名古屋市立第一幼稚園教諭
1998年　愛知教育大学大学院教育学研究科修了（修士（教育学））
現　在　岡崎女子大学・教授

主要著書

『新・保育内容総論』（共著、みらい 2010）、『保育・教育ネオシリーズ 第3巻 保育の計画と方法 第三版』（共著、同文書院 2013）、『保育カリキュラム論』（共著、建帛社 2013）

横井　紘子（よこい　ひろこ）【「第2章」～「第13章」担当】
1981年　名古屋に生まれる
2010年　お茶の水女子大学大学院人間文化研究科博士後期課程・満期退学（修士（人文科学））
現　在　十文字学園女子大学・准教授

主要著書

『保育・教育実践テキストシリーズ 教育原理：保育実践への教育学的アプローチ』（分担執筆、樹村房 2010）、『保幼小連携の原理と実践』（共著、ミネルヴァ書房 2011）、『保育の心理学Ⅱ』（分担執筆、光生館 2012）

新曜社

遊びのリアリティー

事例から読み解く子どもの豊かさと奥深さ

初版第1刷発行　2016年4月15日
初版第2刷発行　2022年10月15日

編著者　中田基昭

著　者　大岩みちの

　　　　横井紘子

発行者　塩浦　暲

発行所　株式会社　新曜社
101-0051　東京都千代田区神田神保町3－9
電話 (03)3264-4973(代)・FAX (03)3239-2958
e-mail : info@shin-yo-sha.co.jp
URL : https://www.shin-yo-sha.co.jp
組　版　Katzen House

印　刷　新日本印刷

製　本　積信堂

© Motoaki Nakada, Michino Oiwa, Hiroko Yokoi, 2016 Printed in Japan
ISBN978-4-7885-1454-6 C1037

新曜社の本

家族と暮らせない子どもたち
児童福祉施設からの再出発
中田基昭 編著
大塚類・遠藤野ゆり 著
四六判232頁
本体2200円

あたりまえを疑え！
臨床教育学入門
遠藤野ゆり・大塚類 著
四六判200頁
本体1800円

親になれない親たち
子ども時代の原体験と、親発達の準備教育
斎藤嘉孝 著
四六判208頁
本体1900円

あたりまえの親子関係に気づくエピソード65
菅野幸恵 著
四六判192頁
本体1900円

こころが育つ環境をつくる
発達心理学からの提言
子安増生・仲 真紀子 編著
四六判288頁
本体2300円

よい教師をすべての教室へ
専門職としての教師に必須の知識とその習得
L・ダーリング－ハモンド、J・バラッツ－スノーデン 著／秋田喜代美・藤田慶子 訳
四六判144頁
本体1600円

発達をうながす教育心理学
大人はどうかかわったらいいのか
山岸明子 著
A5判224頁
本体2200円

子どもの養育に心理学がいえること
発達と家族環境
H・R・シャファー 著
無藤隆・佐藤恵理子 訳
A5判312頁
本体2800円

＊表示価格は消費税を含みません。